画说山西古代壁画
Ancient Murals In Shanxi
In Illustration

介子平 著

山西出版传媒集团
山西经济出版社

图书在版编目（CIP）数据

画说山西古代壁画/介子平著．—太原：山西经济出版社，2016.7（2022.1重印）

ISBN 978-7-5577-0062-1

Ⅰ．①画… Ⅱ．①介… Ⅲ．①壁画—山西省—古代—图集 Ⅳ．① K879.412

中国版本图书馆 CIP 数据核字（2016）第 154481 号

画说山西古代壁画

著　　　者：介子平
出 版 人：孙志勇
选题策划：董利斌
责任编辑：宁姝峰
复　　审：李春梅
终　　审：董利斌
封面设计：赵　浅
版式设计：冀小利
责任印制：李　健

出 版 者：山西出版传媒集团·山西经济出版社
地　　址：太原市建设南路 21 号
邮　　编：030012
电　　话：0351-4922133（市场部）
　　　　　0351-4922085（总编室）
E－mail：scb@sxjjcb.com（市场部）
　　　　　zbs@sxjjcb.com（总编室）
网　　址：www.sxjjcb.com
经 销 者：山西出版传媒集团·山西经济出版社
承 印 者：三河市明华印务有限公司

开　　本：787mm×1092mm　1/16
印　　张：11.75
字　　数：150 千字
印　　数：5001—7500 册
版　　次：2016 年 7 月　第 1 版
印　　次：2022 年 1 月　第 2 次印刷
书　　号：ISBN 978-7-5577-0062-1
定　　价：68.00 元

壁画其实就在人们的日常生活里。余幼时，尚见民间艺人走村串户，绘制炕围画，先线条勾勒，后色彩填充，最后清漆罩封，最是开光里的图案：素绘，瓜果梨桃、花卉树木；人绘，三国水浒、才子佳人。炕围画是壁画在民间最终的落脚点。后来，至祁县老城闲逛，无意间在一户何姓人家的门廊两侧，发现了壁画，尺幅不小，大概有百年左右的历史。

　　昔时，晋式房屋结构皆留有坎墙，大约一米二三高低，炕围画即沿坎墙而作，起初只绘于炕头，后也有满坎墙皆绘者。与之不同，寺庙壁画皆绘制于坎墙之上的土坯或未经烧制的砖坯之上。砖石坎墙，可承载重量，牢固墙体，防止潮气侵蚀。土坯则可使墙体内部的水汽不致腐蚀画面，也可免除墙体外部碱硝的侵蚀。土坯墙体与泥皮间的自然缝隙，还可流通空气，保持画底干燥，使画面得以长期保存。

　　壁画之大观，当数庙堂。2010年12月，由国家文化部艺术司组织的"2010年全国画院优秀创作研究扶持计划"项目启动，山西画院申报的课题"山西古代壁画艺术"入选该优秀创作研究扶持计划，并申请到资助。翌年，项目开始，余有幸参与课题组活动，负责文字整理工作。其间，余经由近距离、系统接触这些壁画，为之技艺精湛倾倒，为之规模壮观叹服，随之恂然恭谨，肃然起敬。

序

一

　　山西现存古代壁画种类多、面积大，计27 259.52平方米，面积仅次于敦煌壁画。年代自东汉始，历代皆存。不同时期的绘画特征，在此均有范例。数量和质量固然令人赞叹，然而其艺术风格和表现手法才是其真正的魅力所在。

　　汉代壁画存于墓室。现存最早者为平陆枣园汉墓壁画，北朝墓葬壁画有太原王郭村北齐娄睿墓、寿阳北齐厍狄迴洛墓、太原王家峰北齐徐显秀墓等。大同西郊元墓，与前代风格已大为不同。当时的典章制度、风情习俗，在此多有反映。

　　佛教传入中土，在山西地区得到了较大发展，寺庙林立，僧侣云集，现存7000多平方米的寺庙壁画，分布于70多个寺观。现存最早的寺庙壁画，为五台山佛光寺东大殿的唐代壁画。现存五代及宋辽金时期壁画六处，分别是平顺大云院弥陀殿、高平开化寺大雄宝殿、灵丘觉山寺塔、应县佛宫寺释迦塔、朔州崇福寺弥陀殿、繁峙岩山寺文殊殿，面积近千平方米。

　　受佛教影响，道教寺观也采用了壁画这种艺术形式来装饰。宋元之际，全真派在黄河以北迅速发展，芮城永乐宫三清殿壁画是其巨制。除却佛寺道观，其他一些庙宇也绘有壁画。其中的汾阳圣母庙、新绛稷益庙、晋祠关帝庙、霍州圣母庙等尤为精彩。

　　明以后，寺观壁画艺术渐趋衰落，画面构图与人物造型日渐程式化，工艺水平较之前朝大为逊色，新绛稷益庙、汾阳圣母庙皆其中精品。山西现存明代壁画2300平方米，清代壁画近3000平方米。大同华严寺大雄宝殿四壁绘画，高达6.3米，长约141.1米，总面积约889平方米，鸿篇巨制，国内仅见。

　　壁画堪称墙壁上的百科全书，宗教之外，世俗生活的精彩在此也多有记录。在社会、宗教、建筑、美术诸多方面，都存在历史意义和研究价值。

二

此次随课题组南北考察，除却对壁画艺术有切身感受外，考察中的故事也颇耐人寻味。课题虽已结项，思考仍未停止。

宋元以来，文人画兴起，人以画传的旧式由此改变，画遂以人传。与此同时，从画技上，壁画开始走下坡路。古人言"宁可画以人传，不可人以画传"，盖因"画以人传"者，不论背景端的，不问英雄出处，江湖上唯以作品说话，画如此，其他何不然。这些壁画绘制年代虽记识周详，但除稷山兴化寺、芮城永乐宫等壁画外，绘制者多未留名。其实，中国历史上的匠人又有哪个留下过大名？匠人是靠手艺营生的劳动者，虽说身怀绝技，但依旧过着相当贫困的生活。他们视手艺为谋生手段，社会也并不看重他们。匠人的神秘还在于他们的默默无闻，并不因持技而张狂。在他们身上体现出的共性比个性多，所以其作品中的时代印记在其集体的无意识中显而易见，这一点正好与文人艺术家相反。同是元四家，黄公望与倪云林的画风迥异；同为扬州八怪，郑板桥与金农笔意云壤，但若观赏一幅杨柳青年画，你会发现，乾隆朝的制品与光绪朝的画幅间并无轩轾之别。匠人的手艺极易因一个家族、一个作坊的消亡而失传。从这一点判断，匠人的个性又是那么的强。大到营造法式，中到碑石造像，小到雕虫之技，概莫如是。而文人艺术家的作品不外乎书画篆刻几样，可以说，文人艺

术家凸显的注定是个性，而匠人的个性则是大同中的小异。

　　匠人的风格由大众所好铸就，大众所好乃趋吉祥求富贵心理的反映，所以匠人的作品无论出自哪个时代，欣赏起来总是那么亲切，总能体会到有种情感在其间，也许这就是匠人所谓的共性所在吧。其实来自民间的体验、来自民间的情绪等何尝不是这样。匠人的手艺往往在相对封闭的环境中世代相传，并倾其一生心力为之精益求精，最终独孤天下，这同大师级的艺术家走的是同一条路，达到的是同一个境界。大师除作品外，可能还留下一部厚厚的论述传世，而匠人留下的或许只是一两句上口的谚语。匠人的自信是一种类似无记名投票的当选，匠人的荣耀在于众人赞不绝口时本人却躲在墙角"叭嗒、叭嗒"抽着旱烟。匠人能在亲手绘制的神像前顿生虔诚，进而合掌膜拜，而一但离开了这般朴实，纵有运斤成风、庖丁解牛的技艺，终究成不了艺术家。好的匠人是艺术家，越是惊叹壁画之精良，就越发感叹画匠之品格。

三

　　1979年10月，首都机场新候机大厅所绘壁画告竣，其中袁运生的《泼水节——生命的赞歌》中因大胆绘入三个沐浴的傣家裸女而备受关注。壁画面世后的一个多月里，机场门前的广场上停满了载客前来参观的大巴，人们涌进裸女壁画所在的餐厅，迫不及待地来一睹究竟。但时隔不久，美术界有人开始对画作中出现裸体的表现提出质疑，赞成者与反对者相持不下，争论的最后则上升到了政治的层面。画中的三个裸女从此不得不披上了一层透明薄纱。1982年，袁运生出国后，壁画前立起了一堵三合板假墙封住了浴女画面，直至1992年，这堵假墙才被拆除。

　　壁画尺幅巨大，立于公众场所，它的存在引人注目，因而也极易成为意识形态下的牺牲品。扬州寿宁寺原为南唐主的官殿，后来都城西移金陵，此处遂改为寺庙。周世宗带兵攻入扬州后，又将其改作行宫，对前朝遗留的壁画则"破"字当头，将大多壁画粉刷掉了，"惟经藏院画玄奘取经一壁独存，尤为绝笔"。后来，欧阳修游寺，想到周世宗干的蠢事，心中许久不适，在其《于役志》中发出了"叹息久之"的慨喟。

1949年后，上海汇丰银行挪作他用，1954年装修大楼时，出于意识形态的考虑，将原有的八幅马赛克镶嵌壁画及穹顶画以涂料遮覆，直至1996年这些壁画才重见天日。北京颐和园大戏台中的清末壁画，也遭到过类似命运。

除此之外，尚有因其他原因遭覆盖者。

古人建窟本是为表达对宗教的信仰与虔诚，窟内作画传达的是供养许愿者的心声，但建窟要花费十几年甚至几十年时间，于是便有人投机取巧，把先人洞窟据为己有，并将原有壁画涂泥新绘后，题名且书具心愿。这样的覆盖物甚至达到了四层。抗日战争时，在敦煌临摹壁画的张大千无意间发现了这个秘密，为看早期的唐作，便将外层画幅剥落，此事一经披露，全国舆论一片哗然。迫于压力，甘肃省主席谷正伦亲自发来驱逐电："张君大千，久留敦煌，中央各方，颇为烦言。敕告张君大千，对于壁画，勿稍污损，免滋误会。"口气相当不客气。

1972年，在修葺蓟县独乐寺观音阁时，发现壁画下覆盖着精美的元代壁画，内容以高达两米的十六罗汉为主体，下部绘以世俗题材。这些壁画是清乾隆十八年（1753）

大修时被泥灰罩盖的,其间被隐藏了219年。泰安徂徕山光华寺维修时,也意外在明代壁画下发现了一层宋代壁画。

2011年2月,大同市文物部门工作人员在一次墙体检修中,无意间在善化寺三圣殿内一素面墙体泥层下,发现了隐匿着的160平方米的明代壁画。其画法精致,线条流畅,人物传神,画面生动。壁画上有古人题记的"隆庆"年号,估计此壁画在明末即已封于泥层之下了。课题组一行考察善化寺时,有幸目睹了此画的清理过程。

无论什么原因,被覆盖者无意间的幸存,多少让人感到了些许欣慰,也由于这层覆盖,使其在"弃暗投明"、逢春还魂时,仍能色泽艳丽,栩栩欲活。或许人们意识到了这种无奈中的有奈,于是历次灭佛,僧侣们便有了将佛像窖藏瘗埋,"文化大革命"中便有了将属于"四旧"的砖石雕刻抹上泥灰,再涂以标语,将壁画彩绘搽以白粉的做法。

文物何辜,遭此劫难。欧阳修"叹息久之"的慨喟,其声哀哀,伤感凄凄,遗憾的是,他的那声叹息,千余年来仍有后人不断重复着,以致司空见惯,史不绝书。前些年的毁庙宇、拆垣墙、除牌坊,近几年的宽老街、平旧城、盗古墓,间之焚字画、砸神像、坍碑幢,哪一次行动不是在强辞中开始,又在叹息中结束的。

课题结项后,文图曾在《新美域》2012年第1期设专号刊出。本书内容为其中之截取与补充。

介子平

丙申孟春

第一章　汉魏风骨 ………………………… 001
　一　太原娄睿墓 ………………… 002
　二　太原徐显秀墓 ……………… 006

第二章　隋唐风华 ………………………… 009
　一　五台山佛光寺东大殿 ……… 010
　二　平顺大云院弥陀殿 ………… 013

第三章　宋金辽风貌 ……………………… 019
　一　高平开化寺 ………………… 020
　二　灵丘觉山寺舍利塔 ………… 027
　三　应县木塔 …………………… 034
　四　朔州崇福寺 ………………… 037
　五　繁峙岩山寺 ………………… 043

第四章　元代风采 ………………………… 055
　一　汾阳五岳庙 ………………… 056
　二　太原晋祠圣母殿 …………… 058

三	洪洞广胜寺	061
四	稷山兴化寺	072
五	稷山青龙寺	076
六	芮城永乐宫	080

第五章　明代风韵　　105
一	浑源永安寺	106
二	五台山佛光寺文殊殿	114
三	汾阳圣母庙	116
四	阳曲不二寺	123
五	太原多福寺	127
六	灵石资寿寺	132
七	霍州娲皇圣母庙	134
八	新绛稷益庙	138

第六章　清代风情　　145
一	大同华严寺大雄宝殿	146
二	大同善化寺	152
三	广灵安坚寺	158
四	太原晋祠关帝庙	162
五	清徐狐突庙	164
五	炕围上的壁画	169

后记 ………… 174

目录

画说山西古代壁画

第一章
汉魏风骨

太原娄睿墓
太原徐显秀墓

太原娄睿墓

太原晋祠以南的王郭村和牛家村之间有一座土岭,俗称晋王岭。明嘉靖《太原县志》载:"斛律丞相墓在县西南十五里。"清道光《太原县志》载:"丞相斛律金墓在县西南十五里,光之父,封咸阳王。"近人刘大鹏所著《晋祠志》载:"晋祠南五里许,晋王岭有大墓二,南一北一,当地群众俗称'王墓'。"1979年春,在山西省、太原市文物部门的发掘报告中,也是将这土岭当斛律金墓组织策划发掘方案的,掘墓后才发现是北齐娄睿墓,此方志之误也。

娄睿,字佛仁,代郡平城(今大同)人,鲜卑望族,北齐外戚,父拔,东魏南部尚书。睿幼孤,为叔父昭所养。为神武帐内都督,封掖县子,累迁光州刺史。在任贪纵,深为文襄(东魏权臣高澄)所责,《北齐书·娄睿传》称之"在任贪纵""聚敛无厌""专行非法""纵情财色,为时论所鄙",因贪婪无度曾被削官免职,但很快又加官晋爵,步步高升。后又授大将军、大司马而统领全军,以太傅、太师兼尚书事、尚书令而成为总领帝机的重臣。"睿无他器干,以外戚贵幸,纵情财色。为瀛州刺史,聚敛无厌。皇建初,封东安王。大宁元年,进位司空。平高归彦于冀州,还拜司徒。河清三年,滥杀人,为尚书左丞宋仲羡弹奏,经赦乃免。寻为太尉,以军功进大司马。武成至河阳,仍遣总偏师赴悬瓠。睿在豫境留停百余日,专行非法,诏免官,以王还第。"卒于武平元年(570)。

娄睿生前贪图钱财,生活腐化,死后厚葬,以图来世享受。此为娄睿夫妻合葬墓,墓虽遭盗掘破坏,但仍出土了大批陶俑、瓷器、装饰品和壁画等文物。其中最珍贵者为大型彩绘壁画。

壁画共72幅,无榜题,虽隔千年,大部完好,总面积为200平方米。壁画内容分两大部分:

第一章 汉魏风骨

一部分以长卷形式描绘了墓主人生活中的一些显赫、奢华场面,分出行、归来、宴事等场景,还有显示鲜卑贵族巨大财富的马群、驼队等。表现第一部分的有"鞍马游骑",在墓道东西两壁,上栏绘有骑卫,更多绘负物驼队和马群,最前绘奔犬,为出行图与回归图,共28幅。以大小幅相同排列,小幅二人在前,为导骑;大幅多人在后,是为主骑。有"军乐仪仗"21幅,其中军乐仪仗七幅位在墓道下层,其他仪仗14幅位在甬道前部下栏、天井下层和天井中层。有"门卫仪仗"在甬道后部和墓室南壁下栏,画七幅。有"禄爵显赫"三幅,炫耀娄睿官至太师、并州刺史兼录并省尚书事的显宦地位。画中有歌舞乐伎,以示内庭的富丽豪华;列旗羽葆,鞍马扈从,显示其下马归来的威严景象及侍者安排主人出行的情形。其中的《门卫仪仗图》,为仪卫出行画面之导骑,画有二人二马,长衫者居右,乘橘黄色马,全神贯注,扬鞭前进;红衫者居左,所乘枣红马昂首挺胸,作警觉之状,骑者躬身前倾,微露惊

娄睿墓壁画

慌神色。两人袖边衣纹呈略带夸张之曲线，有迎风飘扬之动势。

另一部分为祥瑞、天象、神祇形象，计 13 幅，描绘了死后灵魂升天景象，表明墓主人有佛教信仰。其中多神鬼鸟兽，还有疾恶如仇的獬豸、四处敲击的雷公，还绘有青龙白虎图、十二生辰图、天象图。所绘均以写实主义手法表现之，具有浓厚的生活气息。

壁画既分栏分组，又前后呼应，人物姿态各异而情趣一致，造型准确，生机盎然，反映了画家对生活观察之入微和思考之精妙，其艺术水平超越了前代，是承上启下的实物资料。如前所述，墓道、天井、甬道、墓室四壁下层，绘墓主人生前奢华的生活场景。甬道、墓门及墓室中、上栏，表现其死后升仙的虚幻情景。壁画分若干小段，每段均有导骑二人，

娄睿墓壁画

第一章 汉魏风骨

后有群像一组,各段又相互呼应,以长卷式构图组成一幅人间生活、古代神话传说、儒道释合流一体的壮丽画面,其手法写实,洋溢着生活气息。

壁画中的人物、动物、器物,皆以生活中的原本状态着色。人物脸颊、眼窝、嘴唇,均涂以淡红,衣饰、头饰,则分别按照人物的地位、身份、性别、年龄,涂成黄、红、赭、黑、白、灰、青、杏黄诸色,且浓淡相宜,层次分明。

特别是画中的 200 多匹马的形象,动态多样,无一重复,线条流畅,技艺已达相当高度,显然是画家成熟期的创作品。北齐壁画的艺术成就,后代虽评价很高,惜传世作品多数早已荡然无存,别处出土的少量壁画也剥蚀过甚,难窥全貌。而娄氏墓壁画的发现,填补了美术史上的这一空白,十分难得。

娄睿墓壁画

太原徐显秀墓

徐显秀墓位于太原市东山王家峰村东"王墓坡"。墓主徐颖，字显秀，忠义郡人。生前为北齐太尉、武安王。武平二年（571）正月卒于晋阳。其墓于2000年至2002年被发掘。

墓道由斜坡式墓道、过洞、天井三部分组成，坡度23°，长约22米，宽约3米，最深处6.1米。墓室内存有壁画约330平方米，保存基本完整。

壁画气势恢宏壮观，形象生动写实，色彩如新。壁画描绘的是一支由神兽引导的仪仗队，构图没有受过洞与天井空间分割的影响，一气呵成。绘画内容为各类人物、马匹、牛车、神兽、各色仪仗、兵器、乐器、生活什物、装饰图案，应有尽有。壁画从墓室、甬道、天井、过洞一直到墓道，每一组画面都与另一组画面有过渡和衔接，构成一幅完整的家居图和出行仪仗图。墓室北壁绘的是墓主夫妇宴饮图，由演奏的乐队衔接过渡到东西两壁；西壁绘的是以墓主人坐骑的马匹为中心的随从和仪仗；东壁绘的是以墓主夫人牛车为中心的侍从和仪仗；南壁甬道门洞上方绘莲花和凌空飞翔的二神兽，门洞

徐显秀墓壁画

第一章 汉魏风骨

徐显秀墓壁画

两边墙壁分别绘七八个执旗佩剑的仪卫。甬道东西两壁分别有四个威风凛凛的仪卫。甬道外东西两侧肃立着两个执鞭门吏。再往外就是墓道两侧由九十六人、六马、四神兽组成的庞大仪仗队,有执三旒旗者,有举鼓吹长号者,有佩剑带弓者,有执缰牵马者,散聚成组,神态各异,展示了北齐官宦人家出行时的排场。人兽相互穿插,井然有序。壁画布局主题明确,结构紧凑,画面对称,过渡自然,整体氛围庄严肃穆,再现了墓主生前生活的豪华与奢靡。

人物面部造型上,也强调了鲜卑人的种族特点,圆额丰颐、发际线较高、脸形长圆、细目长眉、鼻梁挺直,体现出少数民族面貌粗豪的特征,其高鼻深目、轮廓分明的五官特征也有清楚的描绘。人物多着胡服,面部、形体表现出明显的北方民族特征:鹅卵形略微拉长的面孔、趋于丰腴圆润的脸庞、丰壮周圆的形体。

　　人物设色时，先以淡墨勾勒轮廓，然后敷色，再在面部的眼窝、眼角、嘴角、颈项等低凹处进行晕染，根据这些部位的轮廓结构，以或淡或重的橘黄色作退晕色，晕染部位多为片状，随着眼部、嘴角等结构的转折而运笔，变化细微处，因用笔的轻重、色彩的饱和度和笔势的流转而呈现出深浅浓淡的色彩差异。

　　墓室约六米见方，圆形的穹窿顶上，繁星点点，星座之下，朵朵莲花点缀其间，给人以飘逸流动之感。

　　徐显秀墓壁画是在仓促中绘就的半成品。北壁东南角处，身着红袍的吹笛乐师两手之间没有勾画笛子；东壁牛车顶棚大面积没有赋色；色彩流淌的痕迹在壁画的墓室部分随处可见，还有多处物象空勾无色。也正因仓促，笔法才更加率真流畅、简约灵动。在如此粗糙的墙面上，用笔如行云流水，不起稿一笔而就，几乎不见修改痕迹，挥洒自如，画家对造型的把握和对线条的控制力，令人惊叹。由于是随画随改，更改处以白粉遮盖旧痕。

徐显秀墓壁画

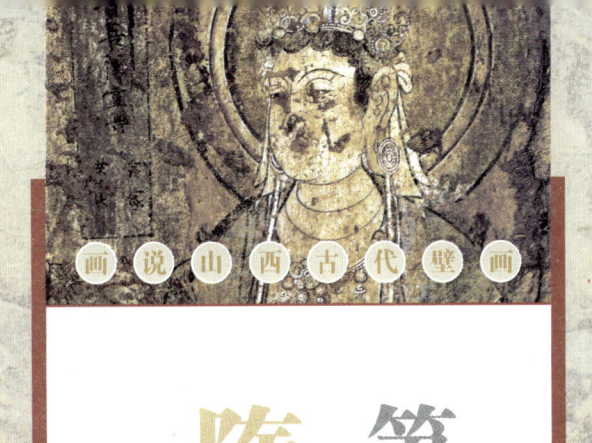

第二章
隋唐风华

五台山佛光寺东大殿
平顺大云院弥陀殿

五台山佛光寺东大殿

据唐著《古清凉传》记载，北魏孝文帝看到一团佛光照射在五台山上，故下令在此建新寺院，命名为佛光寺。隋及唐长庆以前，寺名屡见于传记。寺有三层七开间、高95尺（约31.67米）的弥勒大阁。当时的佛光寺，熙来攘往，香火缭绕，寺况极盛。后经会昌五年（845）大毁招提兰若之灾难，全寺毁废。这一年，唐武宗李炎下诏废佛，拆除了全国数以万计的佛寺，强迫26万名僧尼还俗，成为佛教史上前所未有的遏抑扼杀、挫制弹压之举。至唐大中元年（847）复崇佛法后，有愿诚和尚者，重新装修，女施主宁公遇施建了现存的正殿。按宋高僧传第二十七卷记载："愿诚……遂乃重寻佛光寺，已从荒顿，发心次第新成。"今天的七间正殿，应是就弥勒大阁旧址建成的。

殿的四壁原有壁画，可惜在明宣德四年（1429）重葺大

第二章 隋唐风华

殿檐墙和依壁塑造五百罗汉像时被毁。现仅存有前槽北次间和两梢间拱眼壁外侧三幅,南北内槽前间和后间拱眼壁外侧四幅,后槽明间、两次间和两梢间拱眼壁外侧五幅,外檐两山前后各四间拱眼壁内侧四幅,后檐南尽间拱眼壁内侧四幅,殿内明间佛座后侧东腰处一幅,计有21幅,61.68平方米。大殿内柱额壁画中,最足珍视的是右次间前内额上的横幅。横幅分三段,内容不一。其中第一段绘《天王镇妖图》,描绘一队天兵天将正在捉拿妖魔。第二段绘一位神将身着豹皮服,腰带紧束,脚穿草鞋,正在躬身降服猴妖,猴妖的颈部还系着铁链。第三段绘《毗沙门天王图》,画面绘制在佛座背后。所画毗沙门天王身着甲胄,手持宝剑,足踏两个小鬼,双目下视,肌肉隆起,五指分叉,劲健勇猛。天王右侧画有天女,头梳双髻,簪花横插,右手托花,左手捧盘,侍立一旁,望着天王的麻利动作正在出神。大殿前槽的北次间拱眼壁上,

《西方佛会图》

绘一横幅《西方佛会图》。画分三组，中间一组绘释迦说法，释迦居中，观音、大势至等七位菩萨协侍两端；两侧绘文殊、普贤菩萨。壁之两端有僧俗供养人像，北一列是披袈裟的僧徒，前一列是袍服大冠的文官，内有一人，嘴两旁出胡须，与敦煌壁画中所见的为同一格式。颜色除石绿外，都呈显深暗的铁青色。各像衣纹姿态极为流畅，富有"焦墨淡彩"的唐代风韵。画脸和胡须的笔法则含有汉画遗风。

左次间前内额上拱眼壁，画作七个圆光，高约69厘米，长约400—500厘米。每圆光画佛十躯，身下作长方框，内写佛号和弟子姓名并有题记。画面着色以青、绿为主。赭石、铅粉次之，间以少量原砂和土黄。再就笔法与布局比对，更可证明右次间壁画的古老。左山前侧内额上北端拱眼壁处，还有五彩卷草纹图样，疑为宋代画品。

《西方佛会图》

平顺大云院弥陀殿

　　大云院在平顺县城西北 23 千米龙耳山中。创建于五代后晋天福三年（938），主殿大佛殿是山西保存下来的三座五代木构建筑之一。

　　大佛殿面阔进深各三间，单檐歇山顶，通面阔 11.8 米，明次间略同；总进深 10.1 米，山面次间约合当心间之半；平面接近方形。殿前无月台，前后檐当心间辟门，前檐次间安直棂窗。檐柱侧角生起显著。柱头上于栏额之上加施普柏枋一材，此为采用普柏枋部件之始。柱上斗双抄五铺作，耍头为短促的下昂形。殿内后槽当心间用金柱两根，金柱上不施普柏枋，仍沿袭着唐制。梁架为"六架椽屋，四椽对乳用三柱"，上有驼峰、托脚承平梁，平梁上有驼峰、侏儒柱、大叉手、捧节令以承负脊。驼峰较小，侏儒柱甚细，是此二构件初产生阶段的雏形。因无前槽金柱，纵断面前后槽结构不一致。梁架上驼峰尺寸、形制各异，多达八种。殿顶明清曾补葺，已非原貌，但少量瓦件可看出非宋元以后之物。殿内斗、枋、替木等构件上仍保存有一部分五代彩绘，属中国古建筑中稀有之例。

　　殿内四壁原满铺壁画，因康熙年间被雨水浸泡，致使墙体倒坍，大部分壁画毁坏，今仅内东壁、北壁东隅、扇面墙正背面上残存有五代壁画 46 平方米。东北两壁曾被后人以泥皮抹盖，长期不为人所知。1962 年，因殿顶漏雨进行勘察时，有人发现泥皮下有色彩，随即对此进行了清理，发现壁画 20 多平方米。1993 年，此殿落架大修时，又发现壁画 20 余平方米。这些画作，唐代画风犹存，是中国现存寺观中唯一的五代壁画遗作。

　　东壁画"维摩变相"，维摩诘居于北侧，穿戴魏晋士服，手执拂尘，倚坐在设有帐幔的坐榻上，躯体前倾，下肢半曲半伸，面向前方，开怀畅谈，神情悠然自得。可惜维摩诘面

《维摩变相图》

部已残损。文殊菩萨居于南侧,与维摩诘相对而坐,其结跏趺坐,头戴花冠,胸佩璎珞,面相端庄,举止安详,与正在辩论中的维摩诘的激动神情适成对照。他们身后,各有菩萨、罗汉、天王、神将、侍从等。中央是香积菩萨、舍利佛和持花天女。八个伎乐天一边奏乐一边起舞,表现出非一般的神态仙姿。

第二章 隋唐风华

《维摩变相图》

　　北壁东隅残存壁画所绘内容不详，依其神情举止，应为胁侍菩萨和供养菩萨。

　　扇面墙正面原为佛坛上彩塑的背景，现存背光图案和两侧的菩萨像，其分别是观世音和大势至二菩萨，皆乃弥陀佛胁侍。他们分别执莲花经卷和净瓶柳枝，神态端庄安详，体态丰满，上部画飞天。背面画"西方净土变"，云气缭绕，

《诸菩萨图》

人物肌肉丰满，面相圆润。菩萨猗旎俊俏，天王泰然自若，老者苍劲豪爽，神将勇猛威严。画面色彩除遍涂铅粉外，多以青、绿、白、朱、黄为主，间以少量赭石。在冠带、簪花、璎珞、帔帛、飘带及刀、叉、剑、戟等武器上，均加施沥粉贴金，增强了画面富丽堂皇之感。

菩萨、天王、侍从等穿插其中，上部天宫楼阁悬空；各像面相圆润，肌肉丰盈，乐舞伎广袖长裙，姿态柔丽俊美。

整组壁画在绘制技法上承袭晚唐时期流行的"焦墨薄彩"风格，线条浓淡分明，转折有序，设色丰富，间施以沥粉贴金。

另外，拱眼壁和阑额上保存有五代彩画11平方米。

第二章 隋唐风华

《飞天图》

飞天，本名乾闼婆神，又称香音神，为八部众之一。此图中飞天神态自若，面相圆润，发髻向后披拂，双目凝神下视。项佩璎珞，手捧玉钵，装饰简洁素雅，飘带长裙依浮云端，乘祥云而翩翩起舞，翱翔于空，随风起伏摆动，线条宛转自如，自然洒脱，灵动飘逸，有"焦墨薄彩"之风格、"吴带当风"之遗韵。

《菩萨图》

位于扇面墙正面当心的壁画残甚,从其边沿处残留的背光图案来判断,应为原来殿内供奉的阿弥陀佛塑像背面的衬景。目前塑像已不存,佛坛亦毁。现存背光图案和两侧的菩萨像,其分别是观世音和大势至二菩萨,皆乃弥陀佛胁侍。这两尊菩萨为立式,神态端庄安详,肌肉丰润饱满,花冠高竖,项佩璎珞,裙带缠体,高约1.9米,下部残缺。其分别执莲花经卷和净瓶柳枝,此为观世音菩萨。

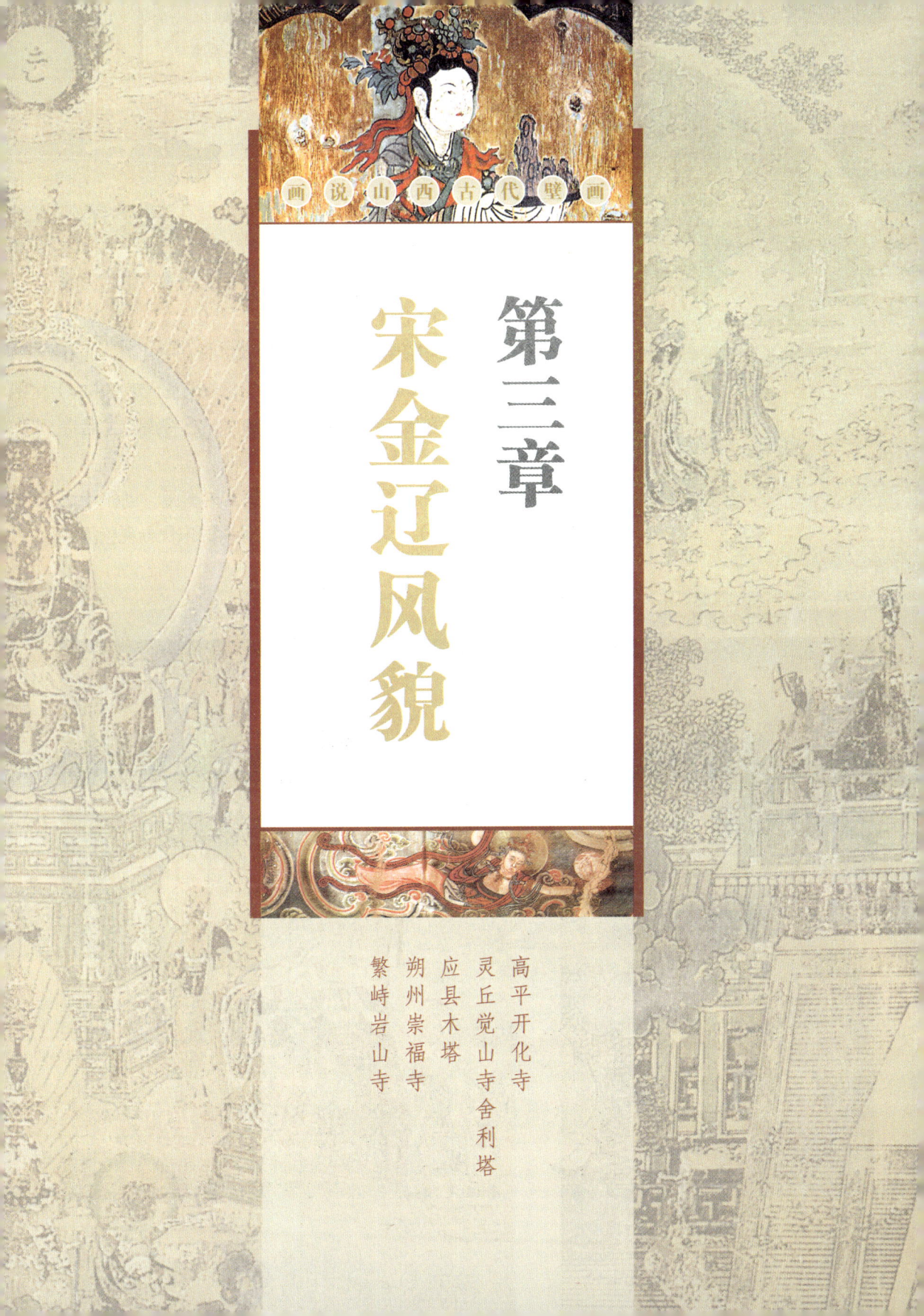

第三章 宋金辽风貌

高平开化寺
灵丘觉山寺舍利塔
应县木塔
朔州崇福寺
繁峙岩山寺

高平开化寺

高平开化寺位于高平市东北的舍利山麓,创建于北齐武平二年(571),据《重修开化寺观音阁记》记载:"距泫城三十里有舍利山,山上建开化寺,盖武平二年创也。"时至唐代,寺宇逐渐隆盛,唐昭宗龙纪、大顺年间(889—891),此寺名曰清凉兰若寺,由高僧大愚禅师主持。北宋天圣八年(1030)的《泽州府舍利山开化寺填图铭记》碑中,已将清凉兰若寺改称开化禅寺。

寺中大雄宝殿东、西、北三面墙壁上的壁画,创作于北宋绍圣三年(1096),是我国保存面积最大的宋代寺观壁画,面积达88.68平方米。

《善事太子本生经变图·入海求珠图》

第三章 宋金辽风貌

　　三面壁画中，西壁壁画最为精美。其分为三个部分，中间是《释迦牟尼说法图》，两侧绘"本生经变"。中部的释迦牟尼，气势恢弘，端坐于中央佛坛之上，手作禅宗的拈花印，面相庄严丰润，上面装饰有威严的宝盖。文殊、普贤相伴于左右，阿难、迦叶两个弟子恭手侍立，金刚在左右侍卫，坛下即听经的菩萨和僧尼，或坐或立，双手合十，虔诚地听佛讲经。供养菩萨趺跪在佛坛前沿，挺身昂首，举目相望。庄严的经场，森严的等级，犹如现实的官场。

　　《释迦牟尼说法图》左右两侧，为题材丰富的佛教故事。善事太子的故事出自《大方便佛报恩经》，讲善事太子为一切众生谋求福利，入海求得牟尼宝珠，却被其兄夺取，并被刺瞎双眼，流落异国，后来与师利跋王的女儿结婚，终于返

《善事太子本生经变图·神牛医眼图》

《释迦牟尼说法图》

回故国的故事。太子向父母告别的画面中,一艘大船紧靠海岸,船工等待太子上船,白帆迎风飘动。这种船的样式,是研究宋代航海业的珍贵资料。

除此之外,还有渔翁、织女、官吏等各种人物及亭、台、楼、阁等各种建筑。画面中的服饰、冠带、器皿、兵器、刑具等形象地反映了宋代的社会风貌。画中有一组华色比丘尼的故事:一个历经磨难的女子被强盗强逼为妻。后来强盗被官府逮捕,判处死刑。她和强盗丈夫一起被行刑者埋入土坑。此时,释迦牟尼显圣,救出女子，最后女子出家为尼。画面描绘的是刑场的场面：身穿绿袍、骑白马的官僚和一群狱吏押着两个犯人来到准备好的刑场。男犯被剥去衣帽，女犯蓬头垢面、神情凄凉。恰在此时，带着佛光的释迦牟尼出现在画面的一角。虽然这幅作品仅占约30厘米见方，但画师却能用精致细密的笔调，把这个人物众多、场面复杂的情节表现得淋漓尽致、鲜明深刻。

《观织图》属《善事太子本生经变图》，描绘的是善事太子观看织女织布的经过。画面上壁间有个木楔，上放一个白色小碗，织女上身袒露，下着长裙，坐在长凳之上，手搬纬牌，脚踩折板，正在挑灯夜织，所用的织机与现在晋东南地区的手工织布机极为相似。此图表现了宋代妇女劳动的场景。

壁画内容以佛教经变故事为主题，用于宣扬佛法的威力和因果报应。由于受宋代世俗化的影响，宗教题材发生了很大的变化，以现实景象，用宋装的人物、中国的景物来表现外来佛教传说，可以说在这里佛教被完全中国化了；儒家的孝道、社会上各种人物的活动都成为壁画中的题材，宋代的社会场景由此表现，生活化、世俗化程度前所未有，可以看作是宋代社会生活的风俗画。整个画面以大红大绿为主，在人物冠饰及画中的建筑上配以贴金工艺，显得绚丽多彩，金碧辉煌。全画构图严谨，笔力遒劲，人物众多，神情各异，却能形神兼备。

北壁东西两面画"鹿女本生""均提出家得道""西方净土变"等，下方画成行列的男女供养人。东壁画佛像三铺，画工较差，残损严重。东壁画可能更晚，由别的画工画成。

壁画布局，采用的是左中右式，或左右式。左右部分又以连环画形式表现故事内容。在图与图的分界上，或图案走边，或树木分片，或流云分景。看上去满目珠玑，密而不乱，繁而不叠，错落有致。其场面宏阔，构图严谨，线条流畅而遒劲，

《善事太子本生经变图·观织图》

《抢先见佛图》

此图描绘佛自忉利天降世时,华色比丘尼以神通化身为转轮王最初拜佛的情形。华色比丘尼化身抢先见佛,为此招来不幸遭遇。

以中锋用笔,勾勒沉着有力,转笔圆润流畅,起收顿挫有致,遒劲而工致,凝练而庄重。线描与重彩的融合相得益彰,形成构图美。楼台界画与人物并重,人物面部传神,界画清晰工整。色彩以大红大绿为主。尤其是如前所说,在画面中所用一种称为沥粉贴金的特殊工艺,更使画面显得金碧辉煌。这可能还是现存的此工艺的最早实物例证。画面中对女性的描绘,精妙入微,妩媚秀丽,所绘人物冠带服饰都极为精美,是典型的宋代画风。可惜年久,画面漫漶严重。

西壁、北壁上留有画工题记两处,其一,北壁土墙上记:"丙子六月十五日粉此西壁画匠郭发记。"其二,壁内石柱上有:"丙子十月十五日下手稿縠立至十一月初六日描讫待来春上彩画匠郭发记并照壁。"从壁内石柱上的文字看,丙

第三章 宋金辽风貌

子是宋哲宗三年（1096），十一月属冬天，此时，画工完成了壁画之线描稿，待翌年上彩。但从画面上的榜题看，西壁题毕，北壁大部未题，为待完之作。画工郭发不可考。

清代以来，寺庙受布施渐少，香火冷落，寺僧四散；寺院被改作粮仓，宗教活动停止，几乎被人忘记。1948年，一伙歹徒听说寺庙中的壁画上有赤金，便潜入寺内将壁画上的贴金全部用铲子刮下，图谋提炼出黄金来。没想到壁画上的这些金饰都以极薄的金箔打制，刮下的只是和着金粉的灰土

《须阇提太子本生经变图》

《华色比丘尼经变图》

《乐舞图》

伶人手持乐器，分布各处，对舞双人，翩跹轻盈。自唐以来，丝路文化兴起，乐舞荟萃了前代歌舞之所长，兼收西域众多少数民族文化精髓，体现了民族交融的景象和当时的风情。画面构图形式动静结合，诸多人物服饰华丽多彩，动作舒展流畅，神态刻画精妙传神，堪称歌舞壁画之精华。

而已，根本就提炼不出赤金来。这次野蛮无知的破坏，使开化寺壁画伤痕累累，视之令人心痛。但开化寺在经历了近千年的风云变幻后，从建筑的结构到壁画仍能保持宋代的原貌，十分难能可贵。

第三章 宋金辽风貌

灵丘觉山寺舍利塔

灵丘觉山寺位于县城东南12千米处。该寺创自北魏孝文帝太和七年（483）。辽大安五年（1089）恰遇镇国大王打猎经此，见寺宇残毁，故奏明辽帝。辽帝下旨重修，赐钱十万，革故鼎新，三年告竣。至此，觉山寺成为一座辽代梵宇。明末清初，寺宇颓败，清光绪十五年（1889）重建。寺内现存建筑除砖砌舍利塔为辽代原构外，余者皆清代建造。

觉山寺舍利塔建于辽大安三年（1087），塔的内壁除前后间门洞，其余墙壁均绘有壁画，八角形中心柱的各墙面亦绘有壁画。塔内壁画面积总计92.16平方米，除去中心柱前后两壁和内壁门洞上部经明、清补绘的10.8平方米的壁画，实有壁画81.36平方米，应为辽大安六年（1090）建塔时的作品。

灵丘觉山寺舍利塔壁画

灵丘觉山寺舍利塔壁画（一）

灵丘觉山寺舍利塔壁画（二）

　　舍利塔内的壁画内容为佛像、天王、金刚和明王，菩萨、飞天仅饰于门洞两侧。中心柱正面、背面与门洞相对应者画释迦牟尼坐像，正面为说法印，背面为触地印。佛像背光为网目纹饰，清代予以描绘装饰，造型、笔法已失辽画风韵。中心柱两侧六面画四大天王和两位护法金刚。

　　塔的内壁，除前后门洞两侧，其余六面墙壁皆画明王像。六尊明王毛发纵横，须髯若飞，横眉怒目，观之令人寒噤。各尊明王两侧及身后有天王、神将、力士、菩萨、飞天及鬼卒。其造型或威武雄壮，或泰然自若，或清净娴雅，或潇洒自如，神情举止和冠戴装束各不相同。东西两面上隅各绘坐佛一尊，四斜面（即东北、东南、西北、西南）各有蛟龙一条，佛学中称为龙神。前后门洞两侧画菩萨像四尊，这些菩萨身姿端

第三章 宋金辽风貌

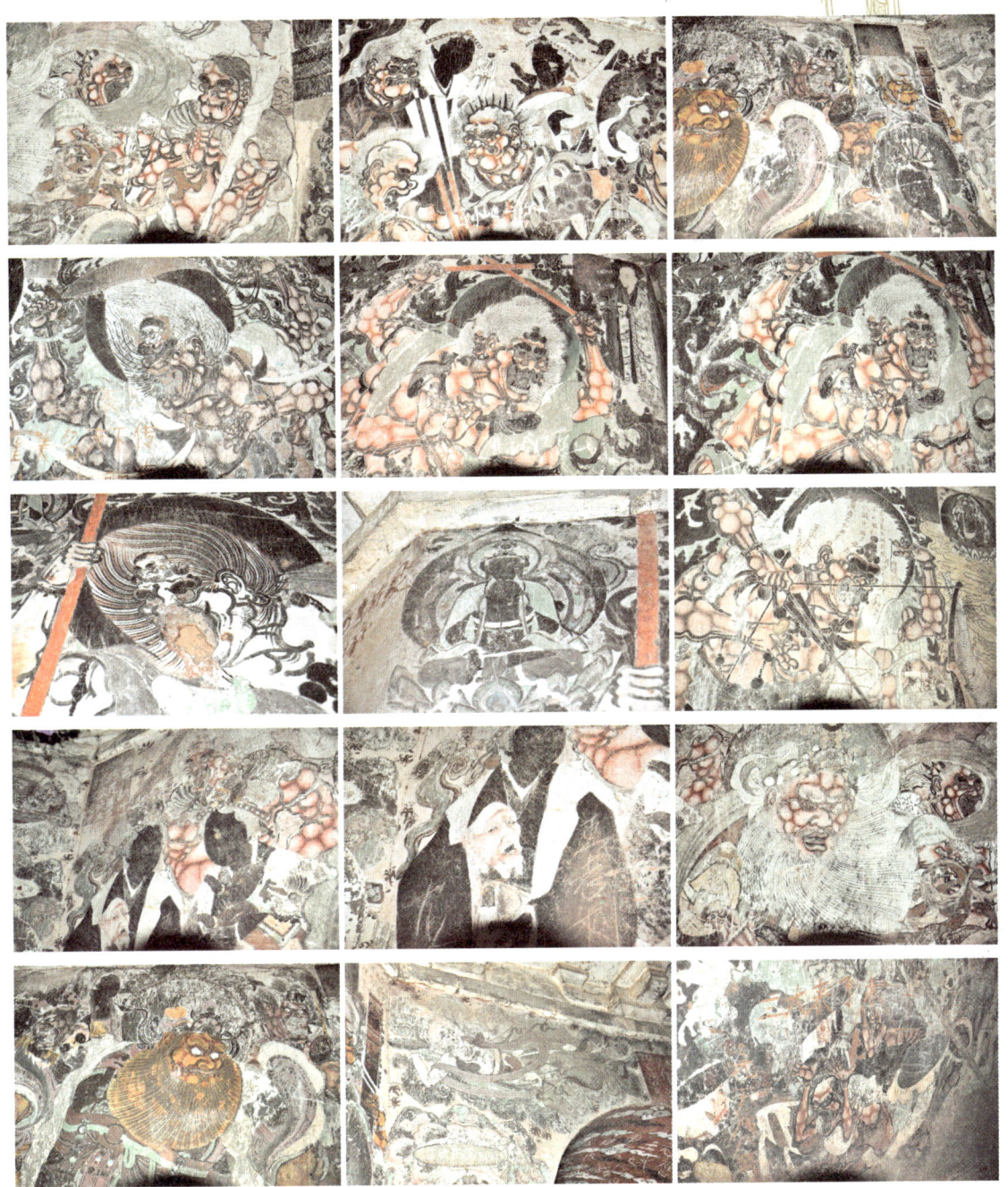

灵丘觉山寺舍利塔壁画

庄俊雅，面相清秀丰润，神态慈祥，头戴花冠，胸配璎珞，身着披帛长裾，飘带及地。其中的观世音菩萨尤为引人注目，这尊菩萨的造型俊丽潇洒，神态善良温柔，手捧净瓶柳枝，双目微向下视，花冠上罩有白色风帽，肩上的白衣披垂两侧，与愤怒的金刚、明王等形成鲜明的对照。

觉山寺舍利塔壁画的构图因受塔内面积限制，画幅皆以墙面界之。塔内中心柱前后画释迦牟尼坐像，下设须弥座，上置宝盖，有背光、云气衬托。柱上佛像与门洞相对应，人们从塔下仰望便可见得。门洞两侧画菩萨，以形成佛的胁侍。在此有限的空间里，运用视觉合成，呈现一幅完整的说法图，堪称技艺巧妙、构思非凡。塔内壁面均各自独立，每幅壁画中心处的明王像，身躯高大，约占墙面的1/2。明王像两侧和身后的护法神将、力士、菩萨及鬼卒等，形体甚小，前后叠置，处胁侍从属地位。塔内壁的构图从整体上看，既自有丘壑，又合理利用了空间，主次分明，繁而不乱。

觉山寺舍利塔的壁体结构均以青砖叠砌，不用土坯或砖坯，外抹草泥和棉绒细纱泥各一层。由于塔基较高，潮气不易侵蚀，加之前后券洞无门扉，通风甚畅，虽历经岁月，塔内的壁画毫无脱落与酥碱现象。画法上，觉山寺舍利塔壁画与岩山寺、永乐宫的壁画不同，但与敦煌石窟内的唐代壁画有许多相似之处。画面上除用铅粉作底色，各类形象大多数不用墨线勾勒，仅在炭条画稿的基础上施彩，然后以赭、朱、酱、绿等色线勾勒。壁画内的高低凸凹、阴阳明暗，人物的衣着装束、形体肌肉等，均以彩色颜料的浓淡晕染清晰呈现。舍利塔内壁画的色彩运用，以赭、红、白三色为主，兼用青、绿、黄、酱诸色。线条多为兰叶描，色线主要用于面部、衣褶、飘带、发须和手足等部位。根据不同的形象，采用了不同的线描和运笔技巧，线条在精细、曲直、刚柔、虚实、长短之间变化，使之轮廓清晰明快，格调古朴而清雅。

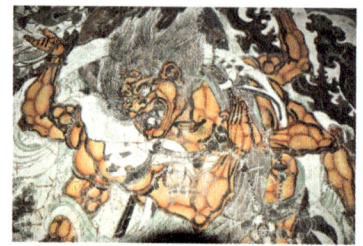

灵丘觉山寺舍利塔壁画

第三章 宋金辽风貌

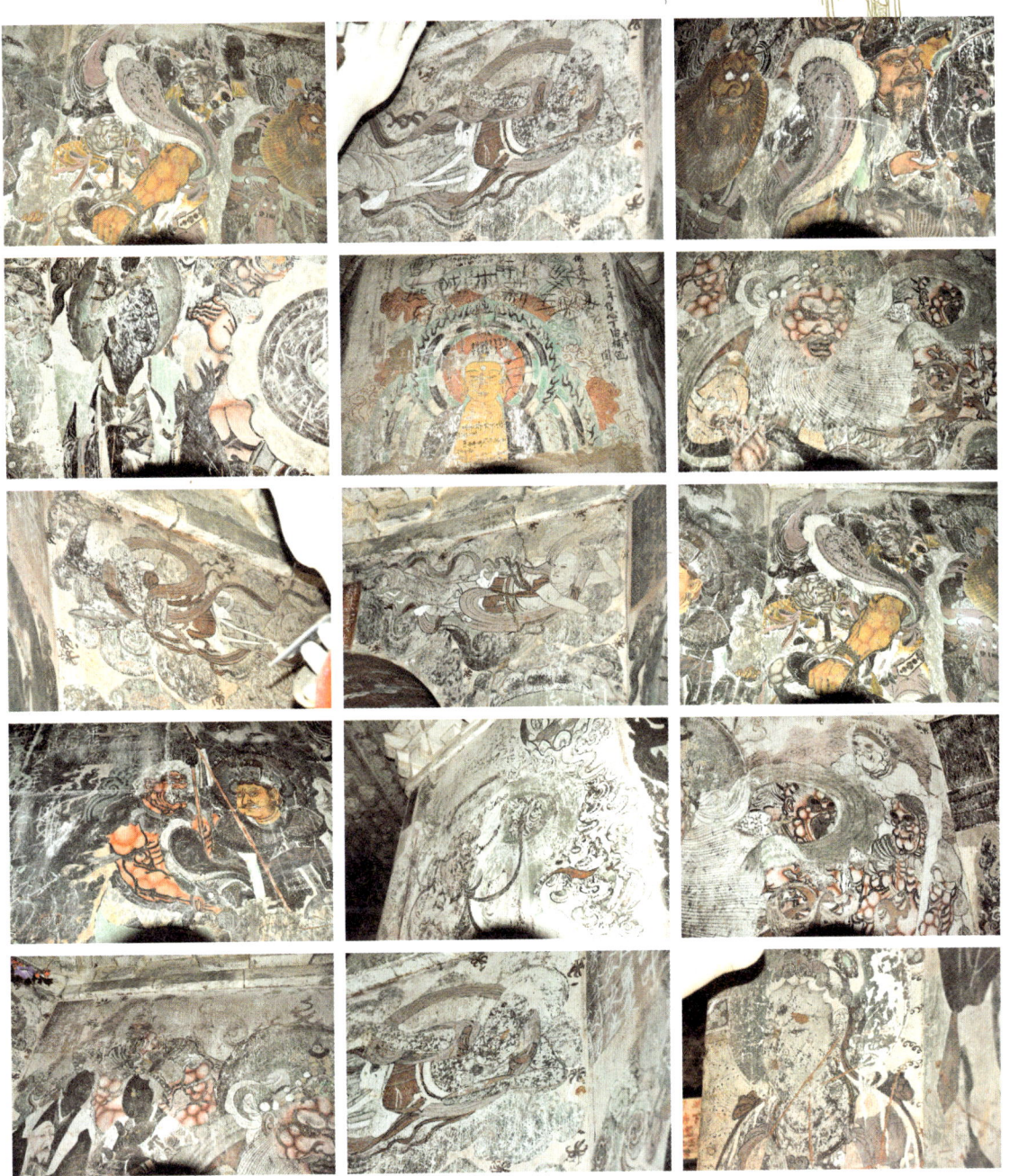

灵丘觉山寺舍利塔壁画

灵丘觉山寺舍利塔壁画

第三章 宋金辽风貌

灵丘觉山寺舍利塔壁画

应县木塔

应县木塔，位于应县城西北隅的佛宫寺内，高 67.31 米，距离很远便能望见，拔地擎天，巍巍耸立，蔚为壮观，故当地有称之为"天柱"者。说它是塔，其实是一座塔楼，其底层直径为 30.27 米，几乎是其高度的一半。因建在佛宫寺内，学名"佛宫寺释迦塔"。它是我国现存最大，也是世界上最古、最高的楼阁式木塔，被誉为"天下第一塔"。

应县木塔是辽兴宗（耶律宗真）之仁懿皇后——萧皇后（应县人），为彰显"一门三后，一家三王"的累世功勋并为亲

《护法金刚图》
内槽北门东西两侧扇面墙上分别绘有一尊护法金刚。东侧金刚足踏芒鞋，手持降魔杵，身呈坐姿；西侧金刚赤足露臂，手持宝剑，身姿呈半结跏趺坐姿。

《女供养人图》

人祈福而建，同时也可用于军事守望。为田和尚于辽清宁二年（1056）奉敕募建。其后的金明昌四年（1193）曾予增修，元延祐七年（1320）由荣禄大夫平章政事阿里伯奉敕监修，之后的明正德三年（1508）、清康熙六十一年（1722）、清同治五年（1866）均有修缮。塔内各明层内都有塑像，共计26尊。其中一层回廊内佛坛上有一座高约11米的释迦牟尼金身塑像，保存完好。塑像顶部有精美华丽的藻井。

内槽墙上画有六幅如来佛像。门洞两侧的墙壁上绘有阿难、迦叶两位弟子，虔诚恭敬，神态端庄。内槽北门东西两侧扇面墙上分别绘有一尊护法金刚，东侧金刚足踏芒鞋，手持降魔杵，身呈坐姿；西侧金刚赤足露臂，手持宝剑，身姿呈半结跏趺坐姿。至金代，时人又在内槽南北二门的东西两侧扇面墙的上述壁画下部，改绘四大天王像。

壁画中最引人注目的是一层内槽门额壁板上的三个女供养人。人物体态匀称，面容丰满，神情安详，衣着华丽。据专家考证，她们是倡建木塔的三位皇后，从左至右依次为：

仁懿皇后萧挞里（即萧太后）、宣懿皇后萧观音、钦哀皇后萧耨斤。

其所存辽金壁画，皆在第一层，构图有唐风，每幅图均以一尊主像填满画面，周围则侍以体量较小的随从。壁画注重人物的表情及性格的刻画，须发根根见肉，线条间以兰叶描、铁线描、钉头鼠尾描手法，笔力遒劲，流畅自如。

《东方持国天王像图》

应县木塔壁画

应县木塔壁画

第三章 宋金辽风貌

朔州崇福寺

朔州崇福寺为三大辽金佛寺之一，始建于唐高宗麟德二年（665），由鄂国公尉迟敬德奉敕建造，金熙宗皇统三年（1143），增建弥陀殿与观音殿。

弥陀殿是崇福寺主殿，保存了初建时的建筑与壁画，是一所富有历史和艺术价值的古代文化宝库，其壁画为现存金代两大巨幅寺观壁画之一。殿为单檐歇山顶，总高约21米。殿身在高大的台基上，基高2.4米，基前又有宽敞的月台，衬托得殿宇更加高大雄伟，瑰丽壮观。殿正面檐下，悬有"弥陀殿"竖匾一方，是金大定二十四年（1184）的原物。殿前当中五间为隔扇门，后檐明间和两梢间各装大板门两页，供游人进入殿堂之便。为扩大内部空间，当心五间除去中柱，前槽四根金柱仅留两根，并移至次间中线上，增大了佛坛位置与礼

朔州崇福寺壁画

朔州崇福寺壁画

佛部分的空间。这种减柱与移柱的做法，是我国建筑史上的大胆创新之举。

弥陀殿内的塑像，分布在长跨四间的大佛坛上，主像结跏趺坐，中为弥陀佛，左为观世音菩萨，右为大势至菩萨。佛教称其为"西方三圣"。主像两侧塑胁侍菩萨四尊，身式微曲；台前两角有二金刚侍立，威严雄健，怒目圆睁，似在履行各自的护法职责。这些彩塑都是建殿时的原作，虽经明代重修，但造型、躯体、衣饰、面容没有大的变化，仍不失为金代塑像中的珍品。

弥陀殿内四周满绘的壁画，共计345.75平方米，也是金代作品。画题内容主要是佛和菩萨。

东西两壁绘制高大的佛像六尊，其中一尊残缺。佛像身披袈裟，袒胸露腹，结跏趺坐于仰式莲台座上，皆作说法印，高4.35米，其中头高1米。背光上画有火焰纹和网目纹，佛坛周围置仰莲花瓣两层，瓣大且薄，坛下流云一层。每尊佛像两侧画胁侍菩萨各一，或正视，或侧身，或捧经卷，或持莲花、牡丹，或端宝盘、宝瓶，花卉、珊瑚、博山炉分置其中。胁侍菩萨服饰华美，珠宝玉石镶于其间，花冠高束，披帛伏背，衣裙裹体，飘带垂于周身。佛和菩萨背后皆有火焰纹背光。当心一佛背光两侧各有流云绕佛坛一圈，五尊小佛分坐其中。两侧佛像背光左右，各画飞天一尊，与祥云交织一处，若飘翔于当空。所绘飞天面相俊秀，体形修长，昂首卧势呈翱翔状，手臂当空，裙带飘舞，双目向下注视，动作潇洒奔放。

北壁两尽间绘释迦牟尼说法图，佛身上部已经后世补绘，仅两侧胁侍菩萨为金代原作。北壁两梢间板门上方，绘"八宝观"和"十六宝观"，画面色泽深沉，清晰度较东西两壁更低。南壁东尽间的画像分上下两列，每列三尊，皆结跏趺坐于仰莲法座上，下列三尊为妙吉祥、除盖障、地藏王三菩萨，乃金代原作，其服饰、花冠与佛坛上的观世音、大势至菩萨

第三章 宋金辽风貌

朔州崇福寺壁画

朔州崇福寺壁画

塑像无异；上列三尊分别是毗卢佛、释迦佛、药师佛，为明代补绘，其造型、风格略逊一筹。南壁西尽间画千手千眼观世音菩萨；下隅左侧有吉祥天女合掌而立；下隅右侧有婆薮天，银发白须，长袍及地，扶杖凝神前视，手下有护法神为侍。

　　北壁两梢间门楣和南壁两尽间的壁画构图，与上述壁画截然不同，或规整严谨，或细密纤巧。门道是弥陀殿与观音殿之间往返的必经之地。门扉宽敞，光线充足，出入者举目可见门楣上的画幅。在面积约五平方米的画面上布列八宝观和十六宝观，水面幽静，栅栏蜿蜒自如，菩萨、童子聚会其间，笔法劲健，色调富丽而古朴。可惜局部毁坏，画面已模糊不清。南壁东尽间画佛、菩萨像六尊，大小相同，皆为坐式，分上下两列，各置三尊。佛像下侧皆以清净的仰莲为坛，其背光布满整个壁面。画面上的佛尊居上，简洁而素雅；菩萨居下，清逸而秀美。画面上部的佛像为后人重装，技法较原作平庸，

第三章 宋金辽风貌

人物造型已失金代特征，但发髻、衣着、莲台等图案仍是金代壁画风格，补绘时当有粉本可循。

南壁西尽间画千手千眼十一面观世音菩萨像，高4.68米，几乎布满整壁。面部圆润，面相慈祥，除头部两侧置有佛像外，顶上五层佛头叠如花冠。此像披帛伏背，璎珞如织，腰系罗裙，腰带从腹前垂于膝下打结，流畅而自然。头上云气之中置莲台一座，弥陀佛结跏趺坐于其中，呈西方圣主庄严之相。众多手臂处理得条理井然，耐人寻味。胸前六臂拱手呈和掌状，腹前十八双手臂除托钵者，多数垂于两侧，各式各样，无一雷同。腹前置有仰钵，仰腹莲瓣为基座。钵内蛟龙一条，探头翘尾，曲曲蠕动，作挣扎飞腾状。身后手臂叠置，形成

朔州崇福寺壁画

《千手千眼十一面观世音菩萨像图》

朔州崇福寺壁画

一个庞大的圆形扇面,手内各置一眼,或圆睁,或欲合,或竖向,或横卧,皆作视人之意。各种手式依前后部位层叠而置,达四五层之多。每臂皆连于膀侧,无矫饰僵直之感。手臂总计为九百余双,称"千手千眼观世音"可谓名副其实。这与一般佛教绘画中描绘手臂百余双、示意千手千眼者大不相同。画像整体布局变化多端,条理清晰,肢派相连,无丝毫呆滞和紊乱之感。

壁画采取了重彩平涂捻子画方法,色彩则以石绿、朱膘、铅粉三色为主,间以使用石青、石黄、赭石等色。

朔州崇福寺壁画

第三章 宋金辽风貌

繁峙岩山寺

岩山寺在繁峙县天岩村，其中的文殊殿建于金大定七年（1167），其殿的台基、柱子、墙壁、阑额、普柏枋、门窗、佛坛、塑像仍为金代原物。

文殊殿壁画分布于殿内134.42平方米的四壁上，除南壁两次间窗槛下方、西梢间和北壁东次间下部的36.44平方米残损脱落外，其余为：东壁画面高3.45米，上边宽11.25米，下边宽11.11米，壁画面积为38.57平方米；西壁画面高3.45米，上边宽11.3米，下边宽11.1米，壁画面积为38.64平方米；南壁东梢间画面高3.45米，上边宽1.34米，下边宽1.26米，壁画面积为4.49平方米；北壁东梢间画面高3.45米，上

岩山寺外观

边宽 1.55 米，下边宽 1.45 米，壁画面积为 5.18 平方米；北壁西梢间画面高 3.45 米，上边宽 1.23 米，下边宽 1.17 米，壁画面积为 4.14 平方米；北壁两梢间窗槛下方的画面高 1.88 米，上边宽 3.79 米，下边宽 3.75 米，壁画面积为 7.09 平方米；总计 98.11 平方米，可谓一堂鲜见的大型壁画。

壁画内容为"佛本行经变"，反映了释迦牟尼乘象入胎、蓝毗尼园诞生、沐浴灌顶、太子学艺、宫中娱乐、出游四门、逾城出家、山中苦行、降魔成道、初转法轮、双林入灭等一生的行履法绩。另外，还绘有宫廷建筑和反映王宫生活场面的内容。如摩耶夫人焚香、梦祥和群臣朝贺、步辇相送以及太子出四门等场景，反映了当时皇室君臣之间等级悬殊的社会现实。另外，帝后生活奢侈、侍女昼夜不停忙碌、宫中饮食歌舞的情景都得到了细致入微的表现。殿内西壁南上方有一墨书题记云：御前承应画匠王逵，同画人王遵。

《耶轮焚香图》

《隔城投象图》

第三章 宋金辽风貌

《箭射九鼓图》
太子驱马奔驰，转身拉弓，双唇紧闭，屏息凝神，气势夺人。榜题为"此是太子背射九重铁鼓处"。

《星夜出城图》

《击鼓报喜图》

　　此图表现了宫内喜迎太子降生的场景。画中一侍女于宫殿廊中击鼓报喜,身后阶下各有两侍女私语,似传喜讯。上附榜题"此是生下太子挝鼓报喜之处"。右下方白净王端坐于前殿中部,左右侍者持扇而立。露台上侍者忙碌,台下百官朝贺。所绘内容,最为称道者为所处塔院。周筑围墙,前设门楼、台阶,周有围墙庑廊,形成一座壮丽的塔院。院内矗立着一座木构的八角七级浮图,塔身的勾栏、平座、斗拱、瓦顶皆备。各层都安有隔扇,顶为重檐八角攒尖顶,上置塔刹。塔中最为特殊的部分,除塔顶用重檐八角攒尖顶外,还在塔底层左右两侧加了挟屋。这种加挟屋的塔仅此一例,未见实物,是研究宋金时期古塔的珍贵资料。塔旁有城墙垛口,左侧还有敌楼和白露屋。此塔造型优美,比例适度,结构精巧,装修完备。脊饰无缺,是金代佛塔的艺术再现。

第三章 宋金辽风貌

繁峙岩山寺壁画

《南门见开图》

繁峙岩山寺壁画

第三章 宋金辽风貌

在西壁上还能看到许多反映社会面貌、世俗场景的内容。如《牧女献乳图》就是富有生活气息的一个画面。此图内山峦起伏，绿草遍野，三头乳牛欲行又止，挺立在山脚平地上。牧人和一个孩童蹲在牛腹旁边，手捧陶盆，正在聚精会神地挤奶。陶盆外边还放着一个陶罐，以备盆中奶汁满后可再注入罐中存放。又如，西壁北隅上的宫中乐伎因疲倦至极于阶前席地而睡的场面，如实地表现了宫廷服役者的悲惨遭遇，尤为感人。

繁峙岩山寺壁画

《牧女献乳图》

南隅上的《酒楼市井图》，图中酒楼高86厘米，外侧酒帘高悬。其位于净饭王宫城南门外，其侧古松虬伸，河水漫流，周饰勾栏，四面敞廊，形如方亭。楼内备有桌凳，门外挂有招幡，上书"野花钻地出，村酒透瓶香"，用以招揽过路游客。在楼内品茶饮酒、说唱卖艺、凭栏赏景者甚众，其中有一名女子居于楼内中心，乌发卷曲，身体微向前倾，正在演唱。酒楼门外为商贩云集的市场，正在叫卖的众多小贩布满街头，或推车，或挑担，或手提，或摆摊。在形形色色的人中，有的在为妇女儿童斟食，有的在为顾客伏案切肉，有的提着两

《酒楼市井图》

第三章 宋金辽风貌

条大鱼回家,有的为主人撑着伞,有的手捧鸟笼,有的头顶盛着食物的罐子,另外还有盲人、官贵、婴儿、僧侣等。这些世俗场景真实地反映了当时的社会风貌。

东壁壁画内容为"佛本生经变",据"佛本生故事"绘制而成。所谓"佛本生故事",即释迦牟尼生前轮回转生、修诸苦行、行善积德的故事。故事有鬼子母宫中宴乐、龙宫赴宴、龙王迎接、郊外骑游、驮行深山、驱妖、戏婴等内容。壁的中央还绘有一组富丽堂皇的宫殿建筑。建筑有山门、正殿、配殿、挟屋等。正殿与配殿建筑为重檐九脊顶,山门与挟屋为单檐歇山式或悬山式顶,主体建筑全部为六铺作双抄单昂斗拱,吻兽瓦当沥粉贴金,呈辉煌之势。整组楼阁高62厘米,宽68厘米。

《释迦牟尼出世图》

此图描绘的是释迦太子降生的场景。太子脚踏莲花,左手指天,右手指地,周围金光笼罩,旁附榜题"周行七步六界称吾独尊之处"。摩耶夫人前有地神托举金盆,太子于盆内,周围金光四射,上方九龙吐水为太子沐浴。榜题为"地神钵金盆九龙吐水沐浴处"。

《涅槃成佛图》

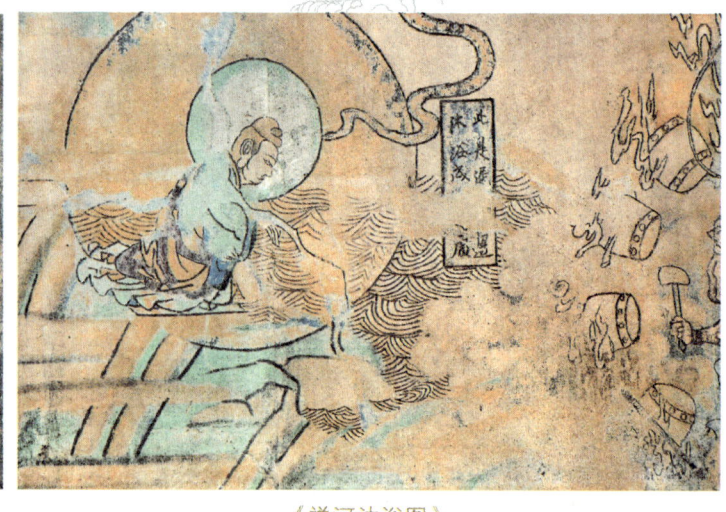
《禅河沐浴图》

　　另有一幅壁画，波罗奈国王头戴王冠，身着长袍，正在主殿内临朝理政。侍女手持宫扇，站于国王身后。殿内及阶下的文武官吏捧笏侍于两侧，阶前的两位官员似在奏请朝事，并等待国王的旨意，反映了当时宫廷内群臣议事的情景。在东壁北隅的"鬼子母本生经变"内也有一些属于人间生活的内容颇为引人注目，其中有《婴戏图》内的母子之情，《农夫赶驴图》内的深山雅趣。

《西门见闻图》

第三章 宋金辽风貌

繁峙岩山寺壁画

在东壁北隅中部还有一幅《水推磨坊图》。此图内的磨坊建于石块叠坎上，旁边有木质阶梯作为蹬道。磨坊下部装有水轮机械并与水相连。水流冲击着水轮运转，水轮的中轴又带动磨盘和舂米的机轮转动。齿轮交错，轴杆盘旋，各种机械都发挥着各自的功能和效力。磨盘和石舂旁边有人正在操作，忙个不停。整个水推磨坊的机械装置和结构清晰可辨，磨面、舂米过程的每个细节也都表现得清楚具体。这就从一个侧面反映了宋金时期的社会风貌和各种人物的活动，可见，如果作者没有深厚的绘画功底和对生活细致入微的观察、对所绘内容巧妙构思，是不可能创作出如此精美的作品的。

北壁西侧绘的是在海中遇难商船，漂泊到罗刹鬼国，被观音菩萨解救的故事。画面上有一艘大船扬帆航行于大海之中，风卷浪飞，船舶颠簸，五百商人在航行中遇难，飘坠罗刹国，遇到了扮作美女的食人魔王罗刹女，并遭其拘禁和捆绑，将被逐一食之。后来，他们得到了观世音菩萨的营救，免遭厄运。画面采用了淡墨白描手法，显得清淡素雅，适体大方。画面中有一重楼叠置的建筑，此建筑可见者仅为前隅建筑三座，一座重檐九脊顶，两座单檐歇山式顶。中间一座面宽五间，中三间辟门，由此可进入庭院。院内正面为主楼，凸起的台基之上筑二层楼阁，下层四面围廊，每面当心间各凸出龟须座一间，平面呈"十"字形，腰间设平座勾栏，上层重檐歇山顶，格子门装修，上下略同。主楼东侧又筑以二层阁一座，左面凸出重檐歇山顶的龟头屋，主楼西侧砖砌高墩之上设勾栏平台两层，宋代称作"露台"，有木梯蹬道可临，是瞭望或祭祀用的建筑。

东侧所绘的是一座塔院，前设门楼、台阶，周有围墙庑廊，非常壮丽。院内矗立着一座木构的八角七级浮图，高261厘米，塔身的勾栏、平座、斗拱、瓦顶皆备。各层都安有隔扇，顶为重檐八角攒尖顶，上置塔刹。塔中最为特殊的部分，除塔顶用重檐八角攒尖顶外，还在塔底层左右两侧加了挟屋。这种加挟屋的塔仅此一例，未见实物，是研究宋金时期古塔的珍贵资料。塔旁有城墙垛口，左侧还有敌楼和白露屋。此塔造型优美，比例适度，结构精巧，装修完备，脊饰无缺，是金代佛塔的艺术再现。

繁峙岩山寺壁画

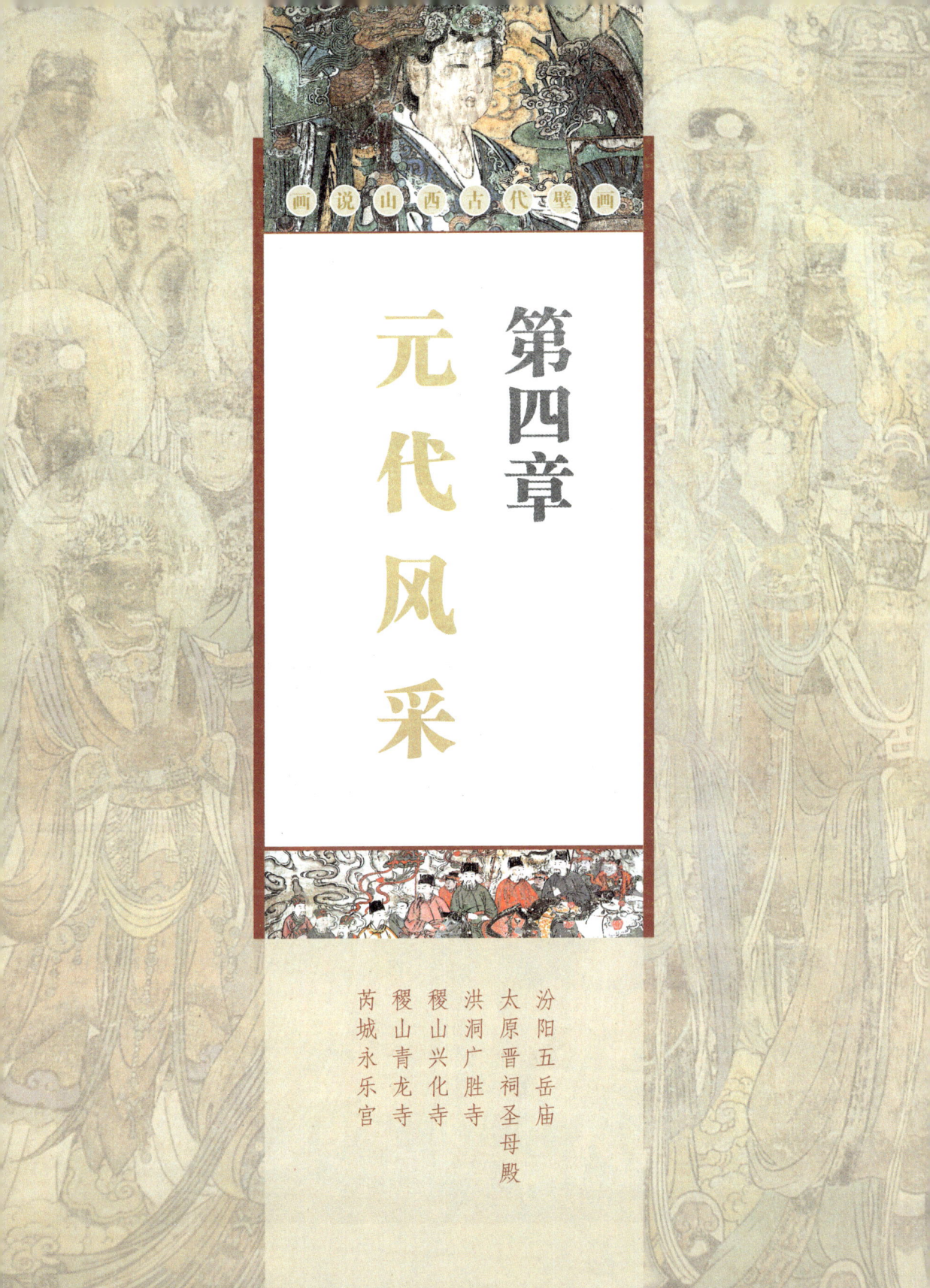

第四章 元代风采

汾阳五岳庙
太原晋祠圣母殿
洪洞广胜寺
稷山兴化寺
稷山青龙寺
芮城永乐宫

汾阳五岳庙

北榆苑五岳庙,位于汾阳市三泉镇北榆苑村南部。创建年代不详,据庙内《重修五岳大庙碑记》载:元大德三年(1299)重修,次年(1300)增建水仙殿,七年(1303)遭地震,十年(1306)再修;明嘉靖六年(1527)、清顺治十五年(1658)、清雍正八年(1730)均有重修记录;清雍正九年(1731)、清乾隆六年(1741)增建;清嘉庆十九年至道光元年(1814—1821)再次进行了修葺和增建。现存的五岳殿、水仙殿为元代遗构,圣母殿及佛龛院为明代建筑,其余建筑属清代遗存。庙坐北朝南,由庙院和佛龛院组成,南北长84.37米,东西宽56.85米,占地面积约4796平方米。庙院原构布局不详,中轴线上由南至

汾阳五岳庙壁画

第四章 元代风采

汾阳五岳庙壁画

北依次存倒座南舍窑七孔（西尽间为山门）、乐楼（已不完整）和五岳殿；五岳殿西侧存圣母殿，东侧存水仙殿和龙王殿。庙院内存石碑一通。佛龛院毗连于庙院西北角，一进院布局，中轴线上存院门和正窑五孔，两侧存东西配窑各三孔。

　　五岳殿内保存有元代壁画，水仙殿内保留有元代神坛及壁画。五岳殿内两山墙上残存壁画《五岳巡游图》，面积约30平方米，手法娴熟、人物造型生动。前墙门两侧各绘武士像一尊，为清代补绘。殿内门额、拱眼壁也有绘制。

　　水仙殿殿内后墙残损较严重，两山墙上残存壁画，内容为反映水仙出行及回归场景，面积约20平方米，大部分已漫漶不清。

汾阳五岳庙壁画

太原晋祠圣母殿

晋祠圣母殿背靠悬瓮山，前临鱼沼池，浩浩乎刚正凛然，赳赳夫震古铄今。此殿始建于宋太平兴国四年至九年（979—984），崇宁元年（1102）重修，是晋祠现存最老的建筑。殿高约19米，重檐歇山顶，面宽七间，进深六间，平面布置几乎成方形。其上黄绿琉璃瓦剪边，雕花脊兽装饰。殿身周匝围廊，前廊进深两间，廊下宽敞。在我国古代建筑中，殿周围廊，此为现存最早的一则实例。殿周柱略内倾，四根角柱显著升高，使殿前檐曲线呈弧度。下翘殿角与下折飞梁分庭抗礼，互为映衬，一起一伏、一张一弛间愈显飞梁之巧妙、大殿之开阔。殿宇桥梁、泉亭鱼沼，辑睦浃洽，浑然一体。前柱之上的八条木雕盘龙，于宋元祐二年（1087）为太原府吕吉等人集资所刻。圣母殿同

太原晋祠圣母殿壁画

第四章 元代风采

太原晋祠圣母殿壁画

样采用减柱法营造，殿内外共减柱一十六，以廊柱和檐柱承托殿顶屋架，因而前廊和殿内十分轩朗宽展，开阔豁然。"减柱法"的熟练使用，说明宋人在建筑方面已能娴熟地运用力学原理；斗拱与柱高比例适当，匀称平衡，避免了隋唐建筑中用料的浪费问题，在建筑式样上也更富艺术美感。殿内无柱，不但增加了神龛中圣母的威严气势，也为设置塑像提供了便利。

殿内四壁和拱眼壁内外，原绘有壁画，后因墙体残损，使之不存，仅在前槽门窗上隅迎风壁和拱眼壁尚存部分画面。1994 年修缮大殿、清洗画面时，于边沿处发现壁内藏有色彩，遂对其剥取，原画得以重现。上层前檐拱眼壁画，明代曾予重绘，此次截取后复原；剥出的宋元旧作，则安装于内侧。上层南山拱眼壁，后人仅抹灰一层，如今这层灰也被去掉，使其恢复原貌。

太原晋祠圣母殿壁画

宋元拱眼壁壁画题材，皆旋纹、卷草、海石榴、吉祥花卉等。明代壁画为人物题材，为"十二溪仙赴蟠桃会"。

前槽门窗上方迎风壁外侧内层的宋元旧画已漫漶不清。其画面为仙人形象，隐约可见仙伯、真人、金童、玉女、武士等。

内壁十二溪仙人中的贵夫人，各个甚是华贵。凤冠高竖，霞帔及地，造型丰满，神情自若。双手或捧圭，或奉匣，或拱于袖内。姿态或挺立，或曲腰，或侧身，或回首，无一雷同。其余诸仙的衣冠装束则较为简略。

壁画线条以色线为多，设色以青、绿、赭、朱砂为主。

第四章 元代风采

洪洞广胜寺

广胜寺位于洪洞县城东北 17 千米处的霍山南麓，始建于东汉建和元年（147），初名俱卢舍寺，唐大历四年（769）五月二十七，汾阳王郭子仪奏请在旧寺故址上重建寺院，并改名"广胜寺"。所谓"广胜"，即"广大于天，名胜于世"之意。元大德七年（1303）遭地震毁坏，后重建。明清两代又予补葺，始成现状。

全寺分上下两寺和水神庙三处。上寺在霍山之巅，下寺在霍山之麓，水神庙位于下寺西侧。上寺与下寺，呈犄角之势。

上寺为一座长方形院落，建立在霍山南麓之巅。沿中轴线往北由山门、飞虹塔、弥陀殿、大雄宝殿、毗卢殿、观音殿、地藏殿及厢房、廊庑组成。

大佛殿作品

下寺大佛殿，亦称后大殿，始建于唐开元年间，因元大德七年（1303）地震而毁坏，元至大二年（1309）重修。大殿七开间，进深八椽，单檐悬山顶。建筑师大胆采用了减柱法和移柱法，殿内仅用两根柱子，又把斗拱和爬梁构成一体，共同承受屋顶压力。这样不仅节省了用材，且营造出了内部宽阔疏朗的视觉效果，因而在结构力学和建筑学方面具有特殊的研究价值。殿内塑有毗卢佛、药师佛、阿弥陀佛三世佛及文殊、普贤二菩萨。侍立菩萨俏丽俊挺，袅袅婷婷，庄者庄，逸者逸，饶有唐风，为建殿时的作品。

全殿满绘壁画。1929 年，寺僧贞达勾结当地豪绅李宗钊以用价款修葺寺院为名，将两山壁画以 1600 元银洋的价格盗卖出国，现藏于美国堪萨斯威纳尔艺术博物馆。现仅残存东墙壁上部 16 平方米的画面，名为《观音菩萨善财童子五十三参》，画技精湛，场面广阔，人物左顾右盼、栩栩如生，为建殿时所作。

《龙王行雨图》

1971年修复时已从壁间揭下,藏于广胜寺文物库内。

水神庙作品

水神庙便是祭祀霍泉神的风俗祭祀庙宇。元至元二十年（1283）有碑赞曰：

霍山苍苍,霍泉洋洋。神名降瑞,瑞玉流光,大田多稼,维泉之利。列爵建庙,报功之祀,遭世纷扰,斯缘荡空。谁修复之,时惟二公,开创其迹,张继其功。作是神宫,拟于王室,应门将将,长廊翼翼……

水神庙分前后两院,由明应王殿、山门、仪门和厢房组成。

洪洞广胜寺壁画

第四章 元代风采

《龙王行雨图》

从现存金贞元元年（1153）《董村重修太上佛神庙志》的碑文记载中可知，广胜寺下寺在宋金时期曾为道教庙宇，以后逐渐演变为佛寺，因而水神庙虽为道教庙宇，却一直由下寺佛僧管理，成为广胜寺景观的组成部分。

水神庙初创于唐，现存建筑为元延祐六年（1319）重建。明应王殿为元构，是水神庙的主体建筑，面阔进深各五间，重檐歇山顶，四周回廊环绕。殿内塑水神明应王坐像及四侍者立像。水神明应王又称大郎，据载即为李冰。四侍者像面部表情迥异，或委屈不乐，或慈眉善目，或狡猾奸诈，或怒气冲冲，不失为道教塑像中的经典之作。

墙壁上的世俗生活

水神庙明应王殿四壁满布元代壁画，总面积约216.88平方米。元泰定元年（1324），由当地画师赵国祥、王彦达等人绘制。壁画内容丰富多彩，除神话故事外，还涉及园林村舍、市井街巷及各式人物，充满了浓郁的生活气息，反映了当时社会生活的真实面貌，史料价值、艺术价值均高。

每年的三月十八传说是水神的生日，每逢这一天都要在此举行规模盛大的庙会，三天会期，广胜寺山上山下、水神庙前、霍泉之畔车马盈门，人山人海。人们还在水神庙前院过洞门上的戏台演戏酬神助兴，明应王殿中戏剧壁画描绘的当是真实场面。

1.《祈雨图》

西壁中部为《祈雨图》，由南霍渠受益户集资绘制。画面

《祈雨图》

第四章 元代风采

上水神明应王居中，头戴通天冠，身着绛纱袍，腰系玉带，足蹬乌履，端坐于龙椅之上。两侧旌幡招展，牙旗猎猎，文武官员、玉女鬼卒恭立伫立。文官持笏在前，冠乌纱，衣长袍，敬谦俟机。武官执戟荷矛，气势汹汹。玉女或捧盘，或持扇，侍守于王之身后，鬼卒则青面獠牙，猥琐狰狞。殿阶处一名官员手捧祈雨文跪于其下，祈求明应王恩赐润苗之雨。

2.《水神打球图》

西壁北部上端为《水神打球图》，为寺庙壁画少见题材。图中所绘深山之巅有一块儿平地，身着米色长袍的两位神仙，分置两端，持棒俯身拾球，互相作攻球状。地下有洞，打球人用手中的棍子把球打入洞内即算赢。其后各有一名少年侍立，左方侍者正为主人行球示意。画面上山势起伏，云气缭绕，溪流蜿蜒，林木茂盛，着实是一幅美景。

《水神打球图》

3.《水神下棋图》

西壁北部下端则是《水神下棋图》。图中仙者对坐弈枰,棋盘席地而置,左仙一腿盘曲,一腿垂前,目光炯炯,精神矍烁,右手却举棋不定。右方仙者一腿盘,一腿伸,右手扶地,左手撑于腿面,全神贯注、心志诚一于棋势。后立四位观战侍从,或捧酒,或持扇。山涧处清泉幽幽,古木森森。此壁画与《水神打球图》壁画是研究元代民间娱乐活动难得的资料。

《水神下棋图》

4.《敕建兴唐寺图》

西壁南上部绘《敕建兴唐寺图》。当年李世民起兵太原后,径直南下,至霍山时遇宋老生截击,经过战斗,唐兵得胜。李世民继位后,遂降旨在霍山建寺一所,额曰"兴唐",以示纪念。

第四章 元代风采

《敕建兴唐寺图》

画面上山川秀丽,风景优美,一哨人马举旗挺进。前有两名武士持戟开道,旗面绣有"大唐"二字,一马则驮着木制方形奉神亭,亭内一佛正在驾云遨游,马后有二高僧陪送。队伍中的主要人物是一着朱衣骑肥马的帝王;前有开路先锋,后有伞盖遮护,空中则青龙隐约,祥云萦回。文武百官随行左右,前呼后拥。画面充满了节奏感。

5.《太宗千里行径图》

与《敕建兴唐寺图》相对,南壁西下部为《太宗千里行径图》。唐太宗李世民出行霍邑,文武百官相送,至此桥断,拜而复原。画面以山水为背景,崇山之间拱桥架设。桥上一老者拄杖前行，回首作惊奇状。桥头一执笏文官则拱手作拜别状，一擎钺武官也在拱手作别，官员身后列鬼卒、黑犬。

6.《园林梳妆图》

东壁北上部为《园林梳妆图》。图中画一静谧庭院，淡花疏影、叠石翠竹中，侍女们或抱盒，或捧盘，正忙乱地传递着什物。正前一侍女，双手微举，正在掇弄头饰，其面容圆润，服饰华丽，画幅充满生活气息。

《园林梳妆图》

第四章 元代风采

7.《卖鱼图》

东壁北下部绘《卖鱼图》。图中置一张木桌，上摆酒缸、酒壶、酒杯、盛盘、汤勺等器皿，下放水箱，内盛鲜桃、石榴等。桌后一老一少，老者斟酒，少者捧杯，正在觚盏往来，开怀畅饮。桌旁两人，手捧果盘，目不转睛地注视着卖鱼翁和秤砣的位置。官员身躯前倾，亲执秤杆，两眼紧盯秤杆所示。渔翁蓄三绺须，裹软头巾，上着黄衫，下衣白裤，腰带中系一把长柄弯钩，身后置鱼筐，右手提着两条鲜鱼，躬身而立，似等待第二次过秤；左手伸出两指，面带微笑，仰面注视着执秤人的脸色，又似在与买鱼人说明分量与价钱。这些穿袍登靴、饱餐终日的买鱼人，面相丰盈，神情泰然，系水神内府的官员。整幅画面通过寥寥几个人物，便活脱脱勾画出了一幅世俗情态和真实生活的场景，入情入理。

《卖鱼图》

8.《后宫捧食图》

北壁东侧为《后宫捧食图》。此画应为明应王宫庭生活图。画膳房一隅，中置条案，有侍女九人。六人捧盒执壶送食品；一人手持鹤羽而立；二人调理火炉，其中一人蹲地，一人左手提壶，右手举襟遮盖头脸，以防止炉灰扑面，虽在宫廷，却是家户小趣。人物发髻、衣饰，承袭宋风。

9.《元杂剧演出图》

南壁东半部就是著名的《元杂剧演出图》了。

《元杂剧演出图》壁画上端绘悬挂着的舞台横额，上书"大行散乐忠都秀在此作场"字样，两端有竖写小字，上款题"尧都见爱"，下款写"泰定元年四月"；"大行"为倡优"大行院"或"大行首"之简称，"散乐"是元代流行的杂剧形式，"忠都秀"为领班演员之艺名，"作场"即设场演出。下端为戏班登台作戏的场景。画中方砖铺地，后挂幕幔布景，台角插旗，当时的演出已分前后台、上下场了。出场演员七男四女，正在

《后宫捧食图》

《元杂剧演出图》

注视着第二排正中身着红袍的演员。着红袍者虽为男子扮相，两耳却戴有耳环，是女扮男装，应是领班忠都秀。前五人为演员，后五人为乐师，幕后一演员正掀帏窥视。

1998年，该画与《水神打球图》同时入编中学"中国历史"教科书。

"中国庙宇"内广胜下寺壁画

广胜下寺的巨幅元代壁画《炽盛光佛经变》现藏纳尔逊博物馆。

1929年，寺僧为筹款修缮寺院，作价1600元将四幅壁画卖给古董商人。赵城县县长和当地的乡绅也都参与其事。因当时并不觉得这是一件耻辱的事情，所以还勒石记功，把出售壁画的事情原原本本地记录了下来。大约在1932年，由古董商

第四章 元代风采

人卢芹斋一手策划，壁画飘洋过海来到美国。壁画被分开出售。下寺前殿的两幅被宾大考古和艺术博物馆收购。后殿西壁的《炽盛光佛经变》被纳尔逊博物馆收购。1933年，纳尔逊博物馆开馆时，壁画作为馆藏的艺术珍品，被永久陈列在博物馆特设的"中国庙宇"内。后殿东壁的《药师经变》被纽约收藏家萨克勒收购，他在20世纪60年代把壁画捐赠给纽约大都会博物馆，以后由博物馆修复并永久陈列于以萨克勒命名的大厅之中。

《炽盛光佛经变》传承了北朝以来《说法图》的基本构图，场面极其的恢宏和壮观；笔法上以工笔线描加上色彩渲染，虽然承袭了宋代佛道绘画的传统，但在技法上更加娴熟，设色也更加大胆。浓艳的红色、明快的绿色和深沉的蓝色，配以佛殿中明暗交映的自然光线，既烘托了气氛，又凸显了绘画强烈的视觉效果，令人赞叹。图上，释迦牟尼佛趺坐于莲台之上，日光、月光菩萨左右侍坐，十二宫天神分成两班，东、西侍立。依笔者之见，天神部分的表现最为精彩。他们庄严凝重的表情，动逸自如的姿态、手势，乃至于华美的衣饰，飘动的衣带，和永乐宫《朝元图》中的星宿、仙人有很多相似之处

《炽盛光佛经变》

稷山兴化寺

稷山兴化寺创建于隋开皇年间，因壁画精妙入神，所以俗称"神画寺"。兴化寺毁于抗日战争时期，今已无存，但壁画尚存。从现存壁画尺度推断，寺庙建筑该有相当的规模，且起建年代不会晚于元代。

毁寺之前的1925年前后，壁画即被寺僧卖于古董商。其中，南殿南壁的《过去七佛说法图》运抵北京准备出口时，为北京大学国学门学者查悉。为免国宝流失，由故宫博物院古物馆马衡先生出面斡旋，以4000大洋购得此壁画，并交由北京大学收藏。据马衡《山西稷山县兴化寺壁画考语跋》云："一九二六年一月，有山西估人运来壁画多箱，拟秘密盗卖于外人，以谋

稷山兴化寺壁画

第四章 元代风采

厚利。事为北京大学研究所所闻。……嗣经绍介，得睹原图，凡五十九方，分装五十七箱。壁高约丈余，长约十丈，以五十余方凑合之，略得原状。惜中缺数方，不能恢复旧观耳。据估人言，旧在稷山县小宁村兴化寺之南壁，屋凡五楹，故如许之长。……因磋商价买此五十七箱，议价再三，始以四千元得之。"1952年，壁画调拨故宫博物院；七年后，经修复陈列于保和殿西庑最南端的历代艺术馆中。

比《过去七佛说法图》更为精彩的是大殿西壁的《弥勒佛说法图》，现存于加拿大皇家安大略博物馆。据博物馆方面介绍，早在1923年，《弥勒佛说法图》就被从寺院的墙壁上切割下，分割成63块，由七名古董商人合伙购得。因为时局混乱，壁画一直被封存在距离兴化寺不远的一座村庄里。直至四年后，壁画被以5000银元的价格出手，由怀履光购得，启运天津出海，经波士顿转运至多伦多。

就在《过去七佛说法图》入藏北京大学后不久，1926年2月，李济利用在晋南考古的机会，专程前往稷山县宅店街的小宁村考察兴化寺。他不仅在寺院后殿的北壁发现了壁画的绘制及施舍题记，还在前殿和中殿间的院子里发掘出土了一块儿开皇年间的造像碑。对研究者来说，这些信息至关重要。一年后，李济先生在史密森研究院的论文集中发表了考察报告《山西南部汾河流域考古调查》。报告中记录了兴化寺壁画的位置："在大殿和后殿三面墙上都有彩绘，后殿两侧墙壁上所有的画和大殿南墙（殿门朝北）的画已被古董商人剥走。"根据李济的调查，黄文弼在北京大学研究所《国学门月刊》一卷一期上发表了《山西兴化寺壁画名相考》一文，考订壁画的内容为过去七佛，并确认了其中的迦叶、阿难、迦陵频伽等身份。同时提到："中院（即中殿）南墙已剥离，惟余一佛头未除……本所所购佛像，即此墙之物。中缺菩萨像一，或即留一佛头于寺中之一尊也。"兴化寺在抗日战争期间遭到焚毁，寺内石刻碑记，均已湮没毁弃、无处可寻。李济的调查成了当时研究壁画唯一的线索，但据此考察推断《过去七佛说法图》的原始位置还是可靠的。至于黄文弼文中所提中殿南墙"惟余一佛头"，所幸在兴化寺毁坍前也被运到了北京大学。

1938年的夏天，受安大略博物馆远东部主任怀履光的派遣，两名洪洞县的中国学生也来到兴化寺调查。调查的报告被寄回加拿大供怀履光研究。1940年，怀履光出版了一部具有开拓意义的专著《中国壁画》。从此，元代晋南的寺观壁画，成为西方学者研究中国美术的一个热点。

《过去七佛说法图》长18.1米，高3.2米。采用对称式构图，画有间隔距离相等的七尊坐佛。七佛均结跏趺坐，佛顶为青绀色，右旋螺发，有肉髻，眉间有白毫，两颊隆满，耳轮垂

稷山兴化寺壁画

第四章 元代风采

埵，面色安详。双肩圆满，袒胸，着红色通肩式袈裟，内着绿色僧祇支（大衣）。画面中央坐佛为毗婆尸佛，手作说法印相，座为八角束腰须弥台仰莲座，座前有花瓶。佛尊两侧是两位声闻弟子，左侧老者是摩诃迦叶，为一面容刚毅的苦行头陀形象，身披青绿色袈裟，双手屈指合掌，赤足立于祥云之上；右侧是阿难，为一仪容颖秀的青年，着青色僧祇支，外罩赤色袈裟，捧手安详立于佛侧。迦叶和阿难上方，云气缭绕之际有迦陵频伽两身，人首鸟翼凤尾，一捧镜向上，一俯身下冲。

《弥勒佛说法图》长 11.11 米、高 5.2 米。同样采用对称式构图，画面正中画弥勒佛及圣众，为一佛四菩萨二弟子，两旁附有剃度图。主尊弥勒佛善跏趺坐于宝座上，身后有头光和背光，脚踏莲花，座前有鲜花供养。弥勒佛顶为青赭色右旋螺发，眉间有白毫，右旋，两颊隆满，耳轮垂埵，双肩圆满，手指纤长，赤足，足踵圆满无凹处，足背隆起而圆满，肌肤袒露处均施金色。身着赤色通肩式袈裟，双肩皆被掩盖。右手扬掌作施无畏印；左手则手掌向外，置膝上。弥勒两侧侍立着供养菩萨和胁侍菩萨。前者只有头光，后者则与主尊一样，兼具头光和背光，半跏趺坐于莲花座上。菩萨像面相浑圆饱满，头束高髻，戴宝冠，肩上垂发，耳坠大环，袒露上身，佩胸饰和璎珞，还有臂钏及腕钏等饰物。供养菩萨二身同站在莲花上，弥勒右侧的身微左倾，手持两枝盛开的莲花，左侧的面向正前方，左手挽飘带，右手托碗，碗中盛供养果物。

兴化寺壁画成于元大德二年（1298）中秋前夕，作者为襄陵县画师朱好古及其门徒张伯渊。朱好古在《山西通志》《平阳府志》《襄陵县志》中均有传，且称之为"善画山水，于人物尤工，宛如有生态"。

稷山青龙寺

青龙寺位于稷山县城西四千米马村西隅，北依高垣，南临汾水，枣林环绕，景色优美。该寺由工部尚书王政奉敕而建，始建于唐龙朔二年（662），翌年改名。元大德七年（1303）底地震，唐代建筑尽毁，现存建筑为元明遗构，明清多次修葺。寺院占地6000余平方米，分前后两进院落，大小殿宇八座。前院南有四大天王殿三间（现改为山门），东为十王殿三间，西为罗汉殿三间。后院以中殿和大殿及东西两厢为主，中殿三间，左右垛殿各一，左为祖师殿，右为青龙门。大殿三间，左右垛殿各一，左为护法殿，右为伽蓝殿。大殿、腰殿和伽蓝殿内保存有壁画196.38平方米。

《群仙礼佛图》

第四章 元代风采

大殿东壁为《佛说法图》，中间绘释迦牟尼像，两侧为阿难、迦叶二弟子及文殊、普贤二菩萨，以及护法金刚护卫，上有人首鸟身的飞天；西壁是《弥勒变》，中间绘弥勒像，左右为二大菩萨和众弟子，下方西侧为国王和王妃剃度图，有官人围侍。南壁拱眼壁绘佛本生及罗汉高僧故事：善慧拜佛、善财童子、伏虎罗汉、白马驮经、山川风景等。白马驮经取材于唐代高僧玄奘取经故事，描绘了玄奘、沙僧身着袈裟，双手合十，神情刚毅，态度虔诚，行进在取经返回途中，正驻足朝拜，身后孙悟空牵白马驮经随行。孙悟空猴形人，身着短衣扎腿孺裤，头戴紧箍咒，双目圆睁，额低嘴长；白马莲形鞍鞘上驮经卷，昂首奋蹄，脖下悬铃，此即《唐僧取经图》。大殿壁画据南壁窗槛画工题记为明洪武十八年（1385）补绘或重装。唯有西南隅少部分粉墨为元代印迹。

《五通仙人众图》

腰殿建于元至元二十六年（1289），其壁画"水陆画"当与腰殿建筑同时完成，北壁直到明永乐四年（1406）方最后完成。在伽蓝殿内檐拱眼壁东端有智黠供养像，西端也有两个供养人画像，上标有元至正五年（1345）题记。腰殿壁画总体的布局错落有致，分为上中下三层，下层神像高不足一米，位置与常人视线持平。

腰殿壁画中共有神祇300余身，分画在130平方米的墙面上。西壁为三世佛和礼佛图，下为道教万神图；北壁上为十八罗汉，下为十殿阎君、六道轮回等，另有阴曹地府行刑场面，尤其是《九横死生图》，对人间的灾苦进行了淋漓尽致的渲染；东墙壁画因日晒雨淋，眉目难辨。所有神祇的名称，均以长方形墨框圈起，附以文字注解，足见作者用功之深。四壁与扇面墙画僧徒礼三界诸佛、普度幽冥水陆道场之情景。画幅中，千手千眼观音最大，高2.9米。中间的佛、菩萨、明王像高1.2—1.4米。鬼卒、鬼魂、飞天高为0.12—0.28米，其他诸像高为0.6—0.8米。壁画构图各不相同，上下堂神祇结构自由。元代最为典型

的壁画构图就是"千官列行"的构图形式。神祇排列上，先以地位身份高低，将其进行分层排列，然后再将佛道诸神相互杂糅，使画面聚散有致，富于戏剧感，背景为五彩祥云和多种器物。

这些壁画中人物虽多，却繁而不乱，人体比例适度，造型优美，形象生动，衣饰飘然，栩栩如生。无论是高大的佛、菩萨，还是奇异怪诞的明王，微小可笑的侏儒、阴曹鬼卒，都表现得含蓄流畅，刚柔相济，线条劲健有力，静中有动，动中有静，古朴典雅。人物编排，多以三五人为一组，每组人物面部和服饰的色彩富于节奏感。人物面部的色彩处理，以红、白、黑、绿为基调。画面中祥云与火焰的描绘，线条迂回，盘旋流畅，动态十足，有飘逸感。

《左右护法神图》

第四章 元代风采

《梵天圣众图》

《四海龙王众图》

《元君圣母众图》

芮城永乐宫

1952年，北京古建筑研究所和山西省文物管理委员会联合考察组在全国文物勘察中发现了这一元代全真教道宫建筑群和壁画艺术宝库。后因三门峡水电站的修建将提高上游的黄河水位，永乐适居淹没区，为保护这组稀世珍宝，政府决定将其迁建于芮城县城北三千米的龙泉村附近的原古魏国都城遗址上。迁建自1959年开始，迄1964年竣工，历经六年，花费270万元。迁建后，基本保存了原建形制和艺术风格。

永乐宫原址位于芮城县永乐镇，相传此地为唐代道教神仙

《金母元君图》

第四章 元代风采

吕洞宾的故里。唐人为纪念他,将其故居改为"吕公祠"。永乐镇汉属蒲坂县,唐称永乐县,至宋为镇,金元时为河中府所辖。金人袁从义于元光二年(1223)所撰的《有唐纯阳吕真人祠堂记》云:"永乐镇东北隅行百步许,曰招贤里,通道之北,即有唐得道吕公之故居也。乡人慕其德,因其旧址而庙貌之,岁时享祀,甚谨严。"至金末,"近世土官以隘陋,增修门庑,以祠为观,择道流之高洁者主之",祠扩充为道观。元代全真派首领丘处机又将道观升为宫,在原址上营建大纯阳万寿宫。因其地处永乐镇,故俗称永乐宫。

永乐宫自元定宗贵由二年(1247)动工兴建,中统三年(1262)三清殿等主要建筑落成,至正十八年(1358)纯阳宫壁画竣工,工期长达110年,几乎与元代同始终。之后,永乐宫与大都长春宫、终南山重阳宫一起成为当时全真教著名的三大祖庭。

永乐宫占地面积八万余平方米,除宫门为清代所建外,其余龙虎殿、三清殿、重阳殿、纯阳殿均为元构。其后有丘祖殿,西路有披云(宋德方被封披云真人)道院、吕祖祠、潘公(潘德冲)祠、玉皇阁、报功祠、书院、三官殿、城隍殿等,以及九峰山纯阳上宫的四座大殿和藏书楼,均为日军所毁。五座主体建筑循序排列在中轴线上,分区鲜明,主次有序,东西无房舍。宫围有红墙环护,宫墙两侧为外宫,为真祠仙堂及众道士食宿院。现存殿宇内之塑像、图书等已荡然无存,但壁画大致保存完好。

龙虎殿又称"无极门",是永乐宫原大门,清代增筑宫门后,遂变为二重门庑。殿内两梢间原有青龙、白虎塑像,故以"龙虎"命名。其殿基高耸,后檐踏道向内收缩,殿基平面呈"凹"字形,形制依八卦格局排列,在古建筑中较为罕见。整个殿面宽五间,进深两间,出架椽,单檐庑殿式屋顶。正脊上两只龙形鸱吻,竖眉怒目,姿势凶猛,尾部微向外翘,开创了

《灵芝玉女图》

《香炉玉女图》

明清卷尾吻的先河。门上悬"无极之门"竖匾，字体秀美，笔力遒劲，出自元代枢密副使商挺之手。殿内壁绘有神荼、郁垒、神将、仙吏、城隍、土地等26位所谓守卫神仙世界的"天神"，个个手持剑戟，身披铠甲，横眉怒目，威风凛然。

　　三清殿，因奉玉清元始天尊、上清灵宝天尊和太清太上老君而得名。其又名无极殿，道家有"三清"为"无极至上"之说。三清殿基座昂耸壮阔，赫赫孔武，月台宽绰匀称，轩朗开敞，衬托得大殿巍峨壮观。殿身的前檐及背面当心间均装有高大的隔扇门，殿顶藻井镂刻贴金的蟠龙。殿上琉璃，与其他诸殿也不同，琉璃中的鸱吻脊兽和沟滴，皆用黄、绿、蓝三彩烧制而成，

第四章 元代风采

做工精细，色泽艳丽。正脊两端鸱吻作巨龙盘旋状，形体优美自如，雍容大雅。吻的两侧有龙王、仙伯、风神、雨师及流云等饰件，均施以孔雀蓝釉色，光彩夺目，纷华靡丽，为国内仅有。

三清殿是主殿，形制最大。殿前原有七条并列的人造水渠。据碑刻和殿壁题记，永乐宫建成后，在明洪武、嘉靖、崇祯，清康熙、乾隆、嘉庆、光绪等朝，皆有不同程度的修葺。维修工程最大者有四次：第一次在明嘉靖三十八年（1559），主要是修饰各殿的门柱槛框；第二次在明天启四年（1624）至崇祯九年（1636）间，重修七真殿、玉皇阁、潘公祠、二仙楼、邱祖殿，以及山门、墙垣、甬道、神牌、供桌等；第三次在清康

《青龙星君图》

《白虎星君图》

《南极长生大帝图》

熙二十八年（1689），除一般维修外，更换了三清、纯阳两殿的梁架，历时三年；第四次在光绪十六年（1890），除对三清殿、纯阳殿、真武阁等三座主体建筑进行修缮外，又对三清、纯阳、龙虎三殿的壁画进行了修补。

纯阳殿，又名"混成殿""吕祖殿"，是供奉道教祖师吕洞宾的专殿。因吕洞宾号"纯阳子"，故以"纯阳"为名。这

第四章 元代风采

座大殿的殿基高度与三清殿相差无几，规模却次之。殿面宽五间，进深三间，月台宽敞平展。殿顶为单檐歇山式，黄绿色琉璃剪边，大鸱吻釉色斑驳，两侧盘龙飞舞。殿内藻井排列合度，平棋上的图案，保留了部分元代彩绘。

重阳殿，又称"袭明殿"。又因殿内供奉全真派创始人王重阳及其弟子七真人，故又称"七真殿"。传说中的王重阳，道号"重阳子"，生于宋徽宗政和二年（1112），卒于金世宗大定十年（1170），年轻时"痛祖国之沦亡，悯民族之不振"，曾于"天眷间捐文场，应武举"，有志于报效国家，拯救危亡。在金人的残暴统治和伪齐政权的高压之下，于48岁时"慨然入道"，以"使四海教风为一家"。其上承东华、钟离、洞宾的教义，开创全真派，是全真教派的领袖人物。他有七位法传弟子，即丘处机、谭处端、刘处玄、王处一、郝大通、马钰、孙不二等，俗称"七真"。王重阳死后，"七真"在北方广布全真教。重阳殿规模较小，面阔五间，进深四间，单檐歇山式屋顶。殿基略低于纯阳殿，殿内梁枋彩绘有花卉、龙凤等图案。筑构中的溜金斗栱、减柱风格，是研究宋元营造法式演变过程的实物例证。

永乐宫的魂魄在壁画。永乐宫的四座殿宇内均绘有精美的元代壁画，面积达960平方米，占山西省同期壁画总面积的73%。这些壁画绘技高超，题材丰富，是珍贵的艺术遗产。

三清殿壁画

三清殿内四壁和龛内外满布的壁画，是永乐宫壁画中的精华。这组壁画，为元泰定二年（1325）由河南府洛京句山马君详及门人绘制，内容为"朝元图"，绘的是各路神仙朝谒元始天尊的情形。壁画计404.7平方米。画面以南极、东极、紫微、勾陈、玉皇、后土、木公、金母等八个帝后装束的主像为中心，以青龙、白虎两星君为先导，三十二天帝君为后卫，四周环绕

三清殿壁画

金童、玉女、天丁、力士、雷公、电母、雨师、仙伯、元帅、将军、左辅、右弼、八卦星君、十二生肖、廿八宿及龙、虎、蛇、猴诸神君等，共286位神仙。画师们以简练的笔法，将神仙人物勾勒得飘飘然、栩栩然、翩翩然、谦谦然。众仙足履云气，头顶祥云，博带广袖，颈戴金圈，有的持圭执笏，有的仗戟操戈，无论文臣武士、玉女侍从，个个服饰铺张，装束浮华，倜傥逍遥，一派逸气。此壁画反映了道教神祇的完整体系。

壁画中的神像高度、朝向大致相同，利用面部形态和衣着颜色、神态举止去体现不同神仙的身份、性格。帝君福态丰颐，神情俨然；列位星君谦和虚己，恭谨慎行；武将全身披甲，鬓发飞扬；玉女则脉脉温情，绸缪缱绻。其间，或喋喋不休，或欲说还休，或镇定自如，或忐忑不安，或虔诚真率，或狰狞桀傲，或沉思凝神，或顾盼张望，形象性格鲜明，各具特色。画像主

第四章 元代风采

从分明，尊卑有序。主像高过三米，群像亦两米有余，人群前后排列达四五层之多，相互交错，井然有条。整个画面显示出画师丰富的想象力和充沛的情感。一个本该静穆庄严的朝拜场景，竟被描绘得如此急管繁弦，沸沸扬扬。

另外每个神像都是以浓淡粗细的长线变化，来表现其质感动势。袍服、裙裾上的细长线条，以刚劲而畅顺的"一笔过"画上去，长达数米的线条一气呵成，一挥而就，似一条条化作绕指柔的钢线镶于壁间，造就了迎风飞动、披拂漫卷的飘忽感、飞扬感。线里乾坤大，笔下讲究多。通过这种画法，画师加强了画中仙人的生动性，线条饱含着一种生命感、流动感和质感。这种画法不但承袭了唐、宋以后盛行的"吴带当风"的传统，而且准确地表现了衣纹转折和肢体运动的关系，技艺极高，难度极大。细研之，它是用双勾方法画成的。这样的长线一般讲来需重复勾描，但在壁画上反复查看却找不到描纹痕迹。按理

三清殿壁画

说线条大约画 50 厘米就需停笔转换，稍空再接，再长则需分成几段接笔续墨。而这里的线条，准确而统一，舒张而刚健，没有丝毫败笔，表现了画师的高超技艺。画直线不用界尺，画弧光不用圆规，这又要求画师具备过硬的画线本领。另外，据估计，整个画面是在画师的统一设计下，依小样粉本，有步骤地分散使用石青、石绿及朱磦、朱砂、藤黄、曙红等色，并以肽白或其他单纯颜色予以间隔，看上去繁而不乱，协调有致。

三清殿壁画

纯阳殿壁画

第四章 元代风采

三清殿壁画

三清殿壁画

第四章 元代风采

三清殿壁画

三清殿壁画

第四章 元代风采

三清殿壁画

三清殿壁画

第四章　元代风采

　　纯阳殿壁画的内容与三清殿截然有别，画面以52幅连环画的形式，将吕洞宾自降生到成仙的故事悉数展现，称《纯阳帝君仙游显化图》。壁画于元至正十八年（1358）绘制，面积达193平方米。画面山水相间，云雾为隔，树石互限，有亭台楼阁、山野村舍、园林茶馆、宫殿庙宇、酒肆旅店、医馆私塾等，有达官显贵、学士商贾、农丁走卒、饿夫乞儿等人物，可以说是13—14世纪中国社会生活的缩影。壁画下笔奔放，墨色淋漓，以极洗练的线条，刻画出人物的性格神态、内心活动。景物中的山水树林，虽为隔为限，为阻为截，却将各故事上下前后贯

永乐宫外景

穿联结，毫无生硬拼凑之感。

纯阳殿中央神龛的背面，还有一幅面积近16平方米的《钟吕论道图》，俗称《二仙盘道图》。钟、吕师徒二人侧身对坐于半山之上，身后是枯藤老树、白练瀑布，一派暮春景象。钟离权前胸袒露，足蹬草鞋，肤色紫黑，长须飘然，右腿盘曲，左腿前伸，身体微倾，目光注视着吕洞宾，左手伸出二指，自然地放在右腿之上，似乎在跟吕洞宾说眼前有两条路，任选其一，望速决断。而吕洞宾拱手危坐，诚惶诚恐，俯首凝神，静听教诲，左手大指轻捻右衣袖，心里极其矛盾。

纯阳殿中央神龛内拱眼壁上还绘有12幅伎乐人物，现存11幅。一人一幅，一幅一姿，其中八幅为乐者女伎，三幅为舞者童子。女乐各持乐器，各有头饰，身着飞天装，广袖及足，

《钟吕论道图》

第四章 元代风采

纯阳殿壁画

外罩云肩，下套长裙，外围蔽膝。女乐或吹笙吹笛，或击钟击锣，执板打鼓，弹琴吹螺，各司其职，乐在其中。童子着锦衣，披帛带，胸系兜肚，赤足裸肩，或踢踏跳跃，或舒臂甩袖，头大身肥，甚是可爱。年画中《婴戏图》之渊源，大概就在于此。

纯阳殿壁画中题有张遵礼、李弘宜、田德新、曹德敏、王士彦、王椿、张秀实、卫德等八位画工的姓名，他们同为禽昌（今山西襄汾）朱好古门人。张遵礼，题名曰"古新远斋男，寓居绛阳侍诏"。李弘宜，古芮（今山西芮城）人。田德新，古新田（今山西曲沃）德新人。曹德敏，洪洞人。王士彦，龙门（今山西河津）人。王椿，孤峰（不知今为何地）人。张秀实、卫德，籍贯不详。

纯阳殿壁画

第四章 元代风采

纯阳殿壁画

重阳殿壁画

重阳殿壁画，内容为全真教创建人王重阳一生的经历、传说，以连环画形式绘成。壁画从王重阳降生到度化七真人成道，共49幅，面积达162平方米，每幅均有榜题，是研究壁画艺术风格和道教发展史的重要资料。壁画约于洪武元年（1368）绘就，画师姓名不详。画面上山石云树，色彩和谐，为青绿山水图。各类人物，活灵活现，画中犹以马最为出色，骅骝骏骥，体质各异，且能于形似中得筋力，于筋力中传精神。神龛背后绘《诸神拜三清图》，主像在上，各路神仙持笏板朝觐恭贺。侍女环侍两侧，体态丰盈，面容圆润，衣带飘扬，雍容华贵，颇具唐宋遗风，为全殿壁画最精彩之处。

另外，无极门处还绘有神荼、郁垒、城隍、土地及诸神画像多幅。

永乐宫壁画漫谈

永乐宫是一座全真教道观，这里的壁画自然也是在宣扬其宗教思想。全真教兴起之时，就以《道德清学经》《般若心经》及《孝经》为其教义，且"凡立会必以三教为名"，创有"三教平等会"，公开将道、佛、儒融合，体现了"三教同源"的理念。全真教以佛教理论为用，对传统道教之体进行了改造。就壁画而言，其内容虽为道教，表现却多为佛家。纯阳殿52幅壁画中，《游寒山寺》《神化婺州举塔》《神化张和尚》等以吕仙（吕洞宾）戏弄长老、僧众为题。吕仙可使寒山寺内铎铃暗哑，可将佛圣塔用两根手指举起、颠倒，可与僧人玄谈佛理使之释服，志在表明"我在华严最上头"。

壁画还反映了全真教对佛教宗教戒律和轮回报应学说的吸收。这在重阳殿中49幅壁画里占有大量篇幅。《着彩霞》《擎芝草》《夜谈秘旨》《拨云头》《洒净水》《起慈悲》《念神咒》《誓盟道戒》《画示天堂》等画幅，以王重阳点度其弟子马钰、孙不二夫妇超凡登仙为题材，表现了王重阳用佛教轮回之苦戒示马、孙不要"贪念酒色财产"，不要"利己损他"，不要"争竞人我，谈说是非"，否则就要遭受割舌、摄魂、犁头、镬题、炉炭、铁轮、穿腹、刺鼻等地狱之刑。这里，佛教律戒成了全真教"齐物泯己"和积善功、成善果的清规戒律。画中马钰夫妇遭受十八层地狱的沉沦之苦后，王重阳辄以神力搭救，目的是为了"欲令知其果因自生，不无还报，务令改过自新，以成长善之行"。这显然是吸收了佛教"三业""三报"的因果报应理论，摒弃了中国传统的报应在天的学说。全真教教徒修身的目的竟也是为了"超出生天"，与佛教的涅槃成佛无异；修道方式也成了"以戒扩定，定而生慧，洞见道源"，和佛教止观、禅定的宗教修养方法颇为类似。

宋儒理学虽对全真教有一定影响，但作为儒教中心思想的"孝"，在该教中却并不重要。全真教提倡"孝"道，而壁画

第四章 元代风采

上"孝"的内容却并不多见,仅纯阳殿有一幅"救孝子母"的画图。故事说的是桐庐人沈志真,有母病发背,百方不缓,祷佑备至,由于孝心所感,吕洞宾赐药救之,说"公至孝,感天命,予来救之"。可见"孝"的精神只是作为崇道的陪衬而被提倡的。这大概是道士和佛教徒因为弃亲出家,无孝道可言,故不便着力赞颂。但全真教对新兴的宋儒理学在理论上多有摄取吸收,甚至将道看作"万理归元,一性太虚"之物。

永乐宫搬迁历程

1952年,文物工作者在黄河北岸的永乐镇发现了一个古老的建筑群。这处在杂草丛中有着大面积壁画的木构古建群,正是在元代有着重要地位的永乐宫。在被发现之后的第四年,因黄河下游兴建三门峡水库,其面临着不得不搬迁的命运。

自1957年国家决定兴建三门峡水库开始,永乐宫选址迁建工作便启动了。1958年8月,北京古代建筑修整所(今中国文物研究所前身)的祁英涛先生及其同仁赴永乐宫进行了实地考察。考察的目的在于为迁建设计搜集完整的资料。旧永乐宫的建筑、壁画、碑刻的残损情况与加固方案就此完成。设计工作全部在现场进行。在考察研究的基础上,国家文物局委派祁英涛主持此项工程的设计兼施工指导。祁英涛最后提出的指导意见是:所选新址不能远离原址,二者之间交通要便利,且面积比原来要大。经过慎重选择,山西省政府报请中央批复,决定将永乐宫迁于芮城县城北约三千米的龙泉村东。

因被水库淹没在即,永乐宫的搬迁和设计是同时进行的。为便于以后对照复原,国务院、文化部及国家文物局组成了一支由中央美术学院副教授陆鸿年教授带队、国内能工巧匠及中央美术学院和中央美术学院原华东分院(现中国美术学院)70多名师生参加的队伍,用了一年时间将壁画全部临摹了下来。

1959年3月,根据国务院的决定和分管文物工作的陈毅副

总理的批示，组织了由国家、省、专署、县、公社五级人员构成的永乐宫搬迁委员会，由北京文管所负责人王书庄、山西省文化局副局长景炎挂帅，带领古建专家和民工400余人展开了搬迁工作。

施工第一项就是揭取、迁运壁画，同时拆卸搬迁建筑构件。永乐宫各殿壁画，都由土坯砌筑，表层为麦秸泥和棉花砂泥两层结构。麦秸泥酥软，厚七厘米；砂泥较结实，厚一厘米。每面墙壁有数十平方米。由于壁画历经几个世纪，加之地震、潮湿等原因，画表已凹凸不平，面质已体脆身弱。搬迁时原想整块揭取，但由于面积较大，局部酥松，极易破碎，若分块揭取，在人物密集的地方会伤及其头、手、冠戴等精致部分。

为确保万无一失，全国各地文物保护专家经缜密研究，反复论证，最后决定采用画面封护的方法进行操作。同时，还邀请了捷克壁画专家现场勘察。捷克专家根据经验拟用注射化学药剂软化墙壁的方法揭取，但西方壁画是画在石灰壁质上的，而永乐宫壁画是画在土坯上的，所以其揭取方法不适合用在中国寺庙墙体壁质构造上，且要价昂贵，条件苛刻，故未能达成协议。于是中国土专家派上了用场，土专家经过自行设计、自制工具，攻克了大面积壁画揭取和修复的技术难关。

其方法为先拆去几座宫殿的屋顶，在画面上刷上2∶3∶100的胶矾水，以免画面颜色在揭取和加固过程中脱落。同时将残洞或裂缝部分，用过滤后的团粉浆糊粘贴靠背纸和硫软棉布各一层加以保护，防止揭取搬运时损伤。然后将白色粉线弹在画面上，在尽量不伤及画面的前提下，将画面分成六平方米或三平方米的若干画块，尽量在人与人、画与画的空隙处打线，以保持头部、手部完整。最后以人力拉锯法，用锯片极小心地将附有壁画的墙壁逐块锯下，依次编号，割缝只有三毫米。整个壁画被分锯成了550块，每一块都有标记编号。揭取时用的也全是专家和民工发明的"土办法"：第一种是偏心轮

第四章 元代风采

机锯剔取法，第二种是拆墙剔取法，第三种是双人拉大锯剔取法，第四种是铁铲撬取法。种种办法都是在泥皮的背面操作的，割断泥皮与墙壁的联系，为的是使画块依附于壁板而被托取下来。在割取画块时，同步预制好与画块大小相等的木制壁板，在壁板一端安装90°的角铁。把壁板靠近画壁的外侧，根据墙上凹凸不平的状况，用旧棉花和细纸加以铺垫，再将壁板依附在画面上加以固定，让揭取下来的画块被壁板托住后再放下。由于当时三门峡水库即将建成蓄水，时间紧迫，在揭取壁画过程中，工程人员以"与黄河水赛跑"为口号，加班加点，为的是保证在蓄水前全部完成揭取。

为将壁画毫发无损地搬到新址，当地政府发动沿途村民义务修路，在各路段用清水泼街，黄土垫道，时刻保持路面平整。专家们还进行了途中防震试验，保证行车平稳。另外，在壁画装车前，首先要将揭块用板夹固定，小心包装，再放入垫满厚棉胎的木箱之中，最后还要用木屑、纸碎填满空隙，按照编号和复修的次序妥善存放。迁运时，先把捆紧的画框装到车上，再在画块下面垫上五六枚弹簧卡，在车的马槽上用钢卡和横杆加以固定，最后用长形螺栓上下贯固。尽管如此，行驶时，还要将轮胎的气放成半饱状。五六十辆骡马大车也派上了用场，用以运迁拆下来的小件。在运迁中，汽车和骡马车速度差不多，跑一趟得三四个小时。经过一年多的努力，永乐宫的全部文物安全抵达新址，经反复检查，确认安然无恙。

永乐宫文物迁往新址后的存放，也是一件细致的工作。除存放建筑构件的临时性库房外，存放壁画的库房和工作用房需200多间。这些房间既要干湿适度，通风防潮，又要便于检查加固，还待按施工程序提取方便。

在永乐宫拆迁工程的后期（1960年中期），新址工地复建工程已破土动工，而修复壁画是1961年才开始的。

经研究，专家组做出两步复修加固的方案。第一步是将拆

箱后的壁画稍加清洗，再次用胶矾水封护画面，以保持色泽不变。第二步是加固时，用泥填平残洞和裂缝，用胶水加固砂泥背面，让它固定而不渗透。接着抹上一层用酒精溶解漆片后拌和起来的砂泥，使壁体加厚至两厘米。为了让新旧两层泥壁之间连接牢固，除刷上浓厚的酒精漆片溶液外，还要贴上一道白色包装布，使两者连成一体。由于加固后的壁画不易和土泥墙粘连，就将原来的土坯墙改为空心墙，在墙内壁上增设了木柱和木板，作为安装壁画的骨架，再逐片地将壁画贴上，最后再由美术师给画缝补色，修复作旧。

  壁画修复人员先对龙虎殿壁画进行加固和安装实验，获得成功后，随即总结经验，对其他三大殿的壁画依次进行加固和安装。

  永乐宫迁建工程期间，正值我国三年经济困难时期。1961年，迁建中的永乐宫被列为第一批全国重点文物保护单位。1966年8月，"文化大革命"开始时工程幸告竣，之后被"军事管制"。而由于三门峡水库工程的搁浅与报废，大水根本没有抵达永乐宫旧址。永乐宫白迁了！又由于离开了原址，永乐宫虽有旷世神韵，却难以申报世界文化遗产。反过来说，再成功的搬迁，对文物而言，也都是一场浩劫。且老永乐宫是依地形而建，以山水造势，比现在平地而生的新永乐宫气派得多，威风得多，由此深思，不禁令人唏嘘感慨。

画说山西古代壁画

第五章
明代风韵

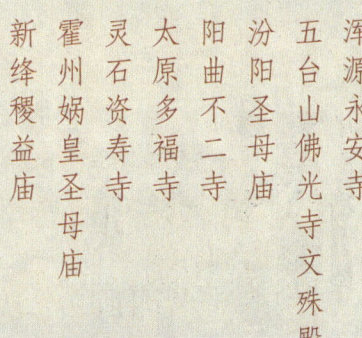

浑源永安寺
五台山佛光寺文殊殿
汾阳圣母庙
阳曲不二寺
太原多福寺
灵石资寿寺
霍州娲皇圣母庙
新绛稷益庙

浑源永安寺

浑源永安寺位于浑源县城东北鼓楼北巷内，始建于金代，历经多次重修。其主殿传法正宗殿为元代建筑，其余建筑皆为明、清补建。其占地 0.65 公顷，建筑面积 935 平方米，坐北面南，呈长方形，原有规模宏大，现后部已毁。现存山门、护法天王殿、传法正宗殿及配殿。全寺主要建筑沿中轴线对称布置。

《往古九流百家众图》

第五章 明代风韵

传法正宗殿于元延祐二年（1315）在金代大殿基础上重建，面阔五间，进深六椽，单檐庑殿顶。梁架用材、斗拱制作都仿照金代规范，体现了金代风格。殿内明间增设天花和藻井，制造精巧。殿内四壁绘满水陆画，总面积164平方米。北壁一字排开画十大明王，其余三壁分上中下层布列《人神行进图》，诸神皆以组列队，工整有序。全寺壁画计有儒、释、道等各类人物共882个。

南壁下列《往古文武官》局部图

水陆画因水陆法会而制，水陆法会借水陆画而宣演。水陆法会原本兴起于我国南方。肇始者是南朝梁武帝萧衍。南宋和尚宗鉴所撰的《释门正统》记述了这样一个故事：梁武帝的皇后郗氏亡，武帝相思甚苦，欲为其做功德超度，梦见一位神僧告诉他"六道四生受苦无量，何不作水陆普济群灵？诸功德中最为第一"。武帝醒来后，向和尚们询问："水陆"是怎么一回事？无人知道。最后是一个叫志公的和尚提醒武帝，"广寻经论，必有因缘"。于是武帝在法云殿中广阅贝叶经，终于发现了佛陀弟子阿难与面然鬼王的一段因缘：阿难独居时，遇见饿鬼面然。面然告诉他三日后他便会死去，且要转生到饿鬼中去。阿难心中惶恐，向面然讨教破免之法。面然教他平等施食之法，即向所有饿鬼、婆罗门、仙人每人施一斛饮食，同时供养"三宝"，便可脱离成为饿鬼之苦，往生天上。梁武帝得此因缘后，取"诸仙致食于流水，群鬼致食于净地"之义，创建了水陆法会。

北壁为佛教密宗十大明王彩绘，每边五尊，分别骑龙、狮、象、牛、虎、凤、蛟等，手执兵器法宝，各有两个小鬼牵挽。其形象巨状诡怪，笔力飞动，为明代作品。明王为佛教护法神，因其有智力摧毁一切魔障，故云明王。常见的有五大明王、八大明王、十大明王。据说，明王为使世人醒悟，常以狰狞面目出现，如同棒喝，使人迷途知返。这些明王，或蓝颜赤发，或面目狰狞。有一位明王以双手做揭开自己面皮状，显示撕开面皮后露出的是一副大慈大悲的神容。它告诉人们，佛家有时面

《北壁十大名王图》

第五章 明代风韵

相凶恶，实质却是慈悲；也让人联想到世间万物纷繁的表象和实质的耐人寻味处，其哲理意蕴令人深思。

东壁和东南壁分为上中下三层。上层画无色界四官天众、色界佛天众、东西南北各种天王、太乙诸神、五方五帝、日光天子、月光天子、金木水火土各星君、计都星君等。中层画紫气、月孛、天马、金牛、白羊、十二辰、大成德菩萨、阿修罗众、大罗刹众等。下层画罗刹女众、旷野大将众、般支迦大将众、大叶叉众、往古帝王、后妃、忠臣、比丘、优婆夷、道士、女冠、古儒、时贤、孝子、顺孙、贤妇、烈女、九流百家等，皆人间帝王、文官武将、黎民百姓、先贤烈女、孝子贤孙形象。

东壁和南壁壁画

西壁和西南壁的上层为五岳帝君、四海龙王,以及五湖百川和风、雷、雨、电诸神;中层是十殿阎君,以及阴曹地府诸官;下层是十八层地狱及人间因天灾人祸而横死的厉鬼群像。人物须发画得柔韧有力,排列有序。布局紧凑、色泽华丽、刻画细腻,是罕见的寺院壁画杰作。

诸神背后皆有祥云或身火,仅从云头和火焰数量上看,西区多于东区。

西壁下列《地狱中的鬼猴图》

东南壁中列《六曹府君众图》

第五章 明代风韵

浑源永安寺壁画

浑源永安寺壁画

第五章 明代风韵

浑源永安寺壁画

五台山佛光寺文殊殿

五台山佛光寺文殊殿的建造年代仅次于正殿,为金天会十五年(1137)的作品,元至正十一年(1351)重修,清乾隆五十八年(1793)再修。有乾隆碑记曰:"年久剥落,住持源禅恻胜动念,以修复为己任,爰偕众僧,出其屡年之铢,秋寸草以补葺之。工起于三月吉日,告竣于五月良辰。经费百有余缗。往来之人,莫不叹为盛举。而僧殊不自以为功也。"殿广七间,深四间,单檐悬山顶。

殿内东、西、北三面墙壁的下半部分,有明宣德五年(1430)隋宝岩师徒主持绘画的五百罗汉壁画。壁画面积原为122.40平方米,因画面下部的泥皮脱落,现存壁画面积为101.35平方米。壁画名为"五百罗汉图像",实际绘有259尊,现存248尊。这一壁画分为四个部分:东壁画面高2.03米,上边宽16.56米,下边宽16.47米,残损画面9.9平方米,壁画面积23.60平方米,

第五章 明代风韵

残坏罗汉 11 尊，尚存罗汉 64 尊。西壁画面高 2.03 米，上边宽 16.64 米，下边宽 16.56 米，壁画面积 33.70 平方米，尚存罗汉 75 尊。北壁西部画面高 2.03 米，上边宽 12.62 米，下边宽 13.62 米，残损面积 5.44 平方米，壁画面积 22.17 平方米，尚存罗汉 55 尊。北壁东部画面高 2.03 米，上边宽 13.61 米，下边宽 13.57 米。残损面积 5.71 平方米，壁画面积 21.88 平方米，尚存罗汉 54 尊。

　　壁画中的罗汉分为上下两层。下层坐在岩石上，上层置于下层罗汉身后的中间，坐立穿插，相互交错，显得规整有序，但并不呆板。罗汉的皮色以朱红色勾勒，面部为白、红、黑、赭四色，以白为多。罗汉的衣纹以墨色勾勒，兼用深红或青蓝等色。其服饰多为僧袍，色彩有红、白、黄、绿、青、赭，各色相间，分明显著，红色较多，力求变化。罗汉的服饰，不仅有僧袍，还有袈裟，另有赤膊缠以飘带者，灵活多样，不拘一格。罗汉衣着的色调略有晕染，服饰襟边上的花纹或图案，多数饰以金色，使画面显得富丽美观，充满生机。

《罗汉图》

汾阳圣母庙

汾阳圣母庙又名后土庙,庙址在汾阳市城西北三千米的栗家庄乡田村,因主祀后土圣母,故名。创建年代不详,明嘉靖二十八年(1549)重建,清道光七年(1827)重修;原主要建筑有正殿、钟楼、鼓楼、乐楼等。现仅存正殿一座,殿宽三间,进深二间,单檐歇山顶,殿门廊庑两侧绘有门神,殿内东、西、北三壁满绘壁画,东、西壁画高3.7米,北面壁画高2.5米,三壁壁画总面积达59.46平方米,内容反映的是圣母后宫生活起居的情景。东壁为《迎驾图》,西壁为《巡幸图》,北壁为《燕乐图》,三壁画面互相连接,而又各自独立,壁画工笔重彩,沥粉贴金,场面壮阔,人物众多,亭、台、楼、阁布局得当,曲桥、廊庑错落有致,为明代道教壁画之珍品。

东壁的《迎驾图》,表现了护送和迎接圣母出宫即将巡幸

《侍者行进图》

第五章 明代风韵

时的情景。后土圣母在宫女们的簇拥下,缓步出宫,宫门前放着一部青龙驾驭的乘辇,御者肃立侍驾,前面持节使者庄严肃穆,文武官员在马上恭候。龙辇两侧仪仗乐队环绕四周,其手中分别执有号角、纱灯、旗牌、金瓜等物,紧跟其后的是手拿如意、铜铙、唢呐等的乐神。在圣母娘娘殿外,一个侍吏驾着一辆三

《迎驾图》

套马车，车厢内满载婴儿，虽已显得拥挤不堪，但依旧有两个童子伸出手臂，试图让车厢外面的三个婴儿也能搭乘这辆车，等待圣母将他们送往人间。殿前一护送圣母出宫送子的神将，怀中抱着三个婴儿，在他的身边还有三个婴儿拉着他的腿，急切地想跟随他同行。殿内侍女的身后，有五位似是曾经接受过圣母恩惠的乳母，她们怀抱孩子，前来为后土圣母送行。

北壁的《燕乐图》，作为主神塑像的陪衬，表现的是圣母后宫享乐的生活场面，场景围绕圣母像展开。最前列有三名宫女，其后随行者六人，分为两组，一组是两名乐伎对吹笙、箫，另一组为四名宫女分别手捧棋盘、古琴、玉酒、茶、镜、香炉等。亭中亦有两组人物：走在前面的是由五名乐伎组成的小乐队，分执琴、瑟、笙、笛、琵琶、阮咸、二胡等乐器，作弹奏状。紧随其后的是几位宫女和侍吏，或抬着放有金钟的玉案，或抱

《燕乐图》

第五章 明代风韵

《燕乐图》

玉琴随队伍缓缓前行。北壁东次间的壁画主要以乐队演奏为主，位于最前列的是三名乐伎，分执琵琶、拍板等。其后紧随宫女五人，分捧古琴、卷轴、阮咸、拍板、宝盒等物。间有亭台楼阁，松梧竹石，花木扶疏。

　　西壁是《巡幸图》，描绘的是圣母巡幸回宫的情景，圣母身边的侍者及神将分执叉、戟、玉花、三光、纱灯等物乘马随行。其极力颂扬圣母的盛德威仪，表现圣母巡幸途中，龙辇飞驰，山川衬托，随行侍吏跃马奔驰的情景。其前隅"圣母娘娘殿"牌匾醒目，云雾沉沉，侍吏、守卫、宫女守候。壁画中的仕女造型，注意了人物组合，动态变化，所以并不感觉板滞，特别是一组调弄乐器的宫女们的手式，形象生动，衣饰飘逸，精工艳丽。整个画面劲健有力，色彩鲜艳夺目，以朱色为主，加以当时流行的沥粉堆金装饰手法，显得热烈辉煌。配景则工笔写实，施浅绛淡彩，用以陪衬人物，避免了色彩上的喧宾夺主。大片

汾阳圣母庙壁画

彩云也起了强化主题、烘托人物的作用。该壁画体现的精湛技艺值得珍视，为现存壁画中不可多见的珍品。

圣母殿中壁画的艺术风格，承袭宋、元画风，而又具有明代典型特色，运笔轻重疾徐，顿挫转折，状物抒情的变化，有着极常的表现能力。壁画虽是宗教内容，却充满了世俗气息，宛然明代宫廷生活的写照，也是研究明代建筑、衣冠、服饰、车马仪仗、音乐舞蹈、工艺器物的直接资料。

据《重修田村圣母庙碑记》和殿顶琉璃脊刹题记载，此庙重建于明嘉庆二十八年（1549），原有正殿三间，单檐歇山顶，进深两间，殿内梁枋上有明代"庆成王府扶枋梁功德至芦大富"字样。其图像样式的出现，应与庆成王府多子多孙的情况紧密相连。

庆成王府是随着明代开国皇帝朱元璋实行分封制而产生的。朱元璋灭元后，仍将逃往漠北的蒙古贵族视为边患，故实行了分封王制度。洪武三年（1370），其九个儿子被封为藩王，镇守边疆。晋王朱㭎之子朱济炫被封为庆成王，其王府所在地即汾州府。庆成王府中最为民众所津津乐道者，是其王府宗室繁衍后代的惊人速度。第一代庆成王朱济炫，"生一百子，俱

第五章 明代风韵

成长,自封长子外,余九十九人并封镇国将军。每会,紫玉盈坐,至不能相识,而人皆隆准。极异事也"。而其曾孙端顺王奇浈,"生子七十人"。庆成王府无疑是明朝人口数量最多的王府之一。圣母殿东壁《圣母送子图》中,车中童子的数量则与庆成王府的端顺王奇浈"生子七十人"的记载基本一致,图像似为王府后裔出资并雇用一批高水平画工根据这一史实绘制的。

汾阳圣母庙壁画

汾阳圣母庙壁画

第五章 明代风韵

阳曲不二寺

不二寺最初位于阳曲县北留乡小直峪村，1987年迁至县城。不二寺，取自佛语"入不二法门"。"不二"即追求唯一，追随佛祖。

不二寺属佛教禅宗派别，又称不二禅院。其始建于后汉乾祐九年（956）。宋初毁坏，于咸平六年（1003）重建。金明昌六年（1195）再修，而后元、明、清历代多次修葺，建筑保留了宋、金时代的建筑风格。其大部分建筑已坍塌，现仅存迁建的正殿。正殿立于一座方形青石台基之上，面阔三间，进深三间，单檐悬山顶，覆以筒瓦素脊；明间设板门，次间置直棂窗，前檐带廊，檐柱四根，斗拱七朵，俗称"隐刻斗拱"，是早期史籍上记载的"扶壁拱"。

阳曲不二寺壁画

阳曲不二寺壁画

不二寺的壁画为明代作品。两面山墙绘有壁画,东西对称,共计80平方米,各分上中下三层,每层间有祥云衔接。东墙画"东方三圣",中层为东方药师佛,左右有日光菩萨、月光菩萨相伴,上层有头光、华盖。西墙画"西方三圣",中层为阿弥陀佛,其左胁侍为大势至菩萨,右胁侍为观世音菩萨,上层有彩云和飞天。他们除手印、执物不同外,从形态到衣饰都一样,加之上有华盖相罩,飞天相伴,周有彩云环绕,下有众神护卫,

第五章 明代风韵

从整体上达到了统一，避免了零乱。

壁画的精彩在下部。其世俗化的特点，体现了民间匠人的高超画技。东壁下层为"十二药叉神将"，表示药师佛诺法的十二誓愿，又表示昼祖十二个时辰。中部为舞狮图，画面上正在表演着一出狮子舞，雄健的狮子随舞狮人的动作正侧身起步，呈跳跃状。这种酬神场面，显然是民间庙会的表现。西壁下层为十六罗汉，中部的礼佛图与东壁的舞狮图遥相呼应。画面上，一位登基不久的皇帝，为祈祷风调雨顺、国泰民安，于殿堂礼佛。皇帝居中，前有七个宫人，他们头戴蝉翼帽，身穿窄袖圆领袍，束甲扎带，脚蹬皂靴。前面两个宫人正在点燃提炉，上加檀香，中间两个宫人手扶日月扇侍从于前。后面的四人组成一个独立

阳曲不二寺壁画

的画面。年轻的皇帝气宇轩昂，仪表堂堂，正准备接过宫人呈递过来的香炉。左手执金瓜兵器的护卫警惕地注视周围动静，后面是一位头戴硬脚蹼头，身穿红色圆领袍的老者。显然他是一位相臣，似乎正在指点祭祀仪规。连这些刹那间的动作也能表现，画师实在是高明。

阳曲不二寺壁画

第五章 明代风韵

太原多福寺

多福寺，位于太原市西北 24 千米处的崛峒山之巅，建于唐代贞元二年（786），原名崛峒教寺，是文殊菩萨的道场之一。宋末毁于战火，明洪武年间重建，是晋王宗室的重要礼佛之所，弘治年间改名为多福寺，后又被多次重修。现存山门、钟楼、大雄宝殿、文殊阁、藏经楼、东西垛殿等殿宇七处。

大雄宝殿为主殿，规模宏大，并有壁画 84 幅，为明代遗物。大殿东、西、北三壁都有精美壁画，壁画完工于明天顺二年（1458），所绘为佛本行神话故事。整体布局以连环画形式自东向西逆时针环布，上下两幅排列，每幅画间以树木、房屋、榜题、云气相连，形成自然独立的故事情节空间。为工笔重彩

太原多福寺壁画

太原多福寺壁画

形式，采用沥粉贴金工艺，设色浓丽。画面以青绿格调为主，兼施朱、赭、黄、白等色。

东壁 22 幅壁画所绘故事为"八相成道"中的降兜率、托胎、出生、出家。单幅壁画多以俯视角度进行构图。构图上多将主体或群体人物置于画面的中下部。

西壁 22 幅壁画所描绘的故事情节则是"八相成道"中的降魔、成道、说法、入灭。构图上多将主体或群体人物置于画面的中上部，在视觉上，也多以俯视角度进行构图。

第五章 明代风韵

太原多福寺壁画

太原多福寺壁画

第五章 明代风韵

太原多福寺壁画

灵石资寿寺

资寿寺，位于灵石县城东十千米处的苏溪村西侧，俗称苏溪寺，寺庙总占地面积达3000余平方米。据寺内现存碑文记载，寺院创建于唐咸通十一年（870），重修于宋。现存建筑，均为明成化三年（1467）至正德十六年（1521）重修。现存壁画为水陆题材，绘于明，补于清。

大雄宝殿内，东西二壁存有画作，壁画各长8.7米，宽3.7米。西壁《炽盛光佛佛会图》，主尊释迦牟尼，手捧法轮，身光环绕。右侧手持宝卷者，为文殊菩萨；左侧手持如意者，为普贤菩萨。

《释迦牟尼像图》

大雄宝殿西壁中尊为释迦牟尼像。此像结跏趺坐于华美的束腰须弥法座之上，双手捧法轮，作说法印。因佛说法，能摧众恶，如王之轮宝，故谓法轮。画面上的佛像为白色，着朱红袈裟，法轮呈圆形，与诸部要目所云相同。佛侧，普贤菩萨手捧经卷，头戴华冠，身着长裳，结跏趺坐。前侧有捧山胁侍。

第五章 明代风韵

《水陆殿西壁图》

画分三层，上为五方佛，左右各画一组道袍神仙，下为众鬼神，中间为天地水陆神及星神。上部五尊佛，均饰以螺髻，披袈裟，一字布列，或执法轮，或捧佛钵，或作说法印。下部题榜有诸天神等众、罗叉婆神等众、天龙八部等众、天仙圣等众、净变天神等众、北斗七星神祇等众、太岁土府一切神祇、少光天神、十二元辰神祇、日月太阴等众、九曜星君神祇、三元水府大帝、诸天仙神众、五湖四海百川诸大龙王、五瘟使者神祇、江河淮济四渎诸龙王、主火主水龙王、婆罗门仙祇、地府六曹诸司神祇、往古一切三真九烈、往古一切士农工商、往古一切僧尼道俗、主风主雨主苗主稼病药龙王、秦王地狱诸鬼神、横遭毒药食命诸鬼神众、车碾马踏诸鬼神众、罗叉女神祇等众、山林树木神祇等众、地府三司判官等众、大耗小耗神祇等众、天轮图和城隍神祇等众。

下面为二协侍帝释天和凡释天、四大天王和关公等。东壁《药师佛佛会图》，主尊药师如来，手捧药钵，左右胁侍二菩萨，佛座两侧尚有侍立菩萨。绘药师佛、日光菩萨、月光菩萨，中层为二协侍菩萨和四大天王，下层为八仙过海人物，但仅剩汉钟离、吕洞宾、蓝采和，其余人物均已不见踪迹。

水陆殿壁画主要在西北两墙，东壁壁画早已毁毕。西壁墙上，下有碱蚀，画分三层，上为五方佛，左右各画一组道袍神仙，下为众鬼神，中间为天地水陆神及星神。

药师殿东、西两墙也均有壁画，清代补绘较多。西山墙保存完好，东山墙仅剩中间部分。其上满绘祥云，上端各绘五位菩萨的半身像，为十菩萨格局，中下部各绘四位武将。

资寿寺壁画所绘形象，并未完全使用元末风格的粉本，具有创绘性。人物组合力求自然，且形象各异，细节处理上，和谐中有对比。作品线条粗简豪放，衣纹处理以藏头露尾式的描法为主。

霍州娲皇圣母庙

娲皇圣母庙位于霍州市大张镇贾村，为全国重点文物保护单位。其创建年代不详，后毁，清同治四年（1865）重修。娲皇圣母庙内存有的壁画，表现了圣母宴请百官时宫廷内忙碌的情形。

圣母殿内的壁画是该庙的精华部分，乃清代壁画中的上乘之作，总面积达71.17平方米。画面采用通景式构图，利用建筑、树木将人物有机组合在一起。勾线填色，略有渲染，颜色以朱、青、绿、白、黄为主。殿宇、勾栏、亭榭采用界尺绘就。画面为神话传说与社会生活的交织组合，人神主从有序，相互穿插照应，人物服饰则依明制。

霍州娲皇圣母庙壁画

第五章 明代风韵

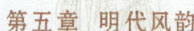

《万世母仪图》

东山墙壁画《万世母仪图》，总面积24.33平方米，全景描绘宫廷处理国事之画面。中为圣母女娲坐像，脸向左侧状，似乎正在询问补天事宜，左右各站立侍女一、文吏二。大殿月台下左右绘五帝，头戴冕旒，穿帝王装，手捧玉圭，侍立两侧等待吩咐。台阶下右侧一名头戴乌纱帽的官吏似正在奉旨宣昭，宫女们或窃窃私语或穿梭于殿宇之间，年直、月直、日直、时直四位天神正飞奔而至。东山墙壁画共绘人物43人，其中女性10人（包括圣母、侍女），男童4人，男性29人（包括帝王、官吏、武士、男仆）。

西山墙壁画《开天立极图》，总面积26.02平方米。画中娲皇圣母站立中央，头戴凤冠，身着霞帔。两名宫女各持羽帚、

霍州娲皇圣母庙壁画

宫扇侍立两侧，各路神仙或帝王相互道贺，左右上角各有一只俯飞的凤凰，大殿月台台阶下两侧三名官吏及其夫人侍立两旁，右下角是两名狱卒与刚刚被大赦的三名囚徒。囚徒双手合十，上身赤裸，肩系方巾，下穿裙裤前来参拜，前面两名差人抬着供案。西山墙壁绘有大功告成后相聚的四位天神，与东山墙所绘的四位天神相比，除人物面貌相同外，着艳丽服饰，手中也少了法器。西壁左上描绘的是一组童男童女的生活场景：三童女、两男童正在品尝食物，顿使整个场景充满祥和喜庆。西山墙壁画共有人物41人，其中女性14人，男童3人，女童3人，

第五章 明代风韵

男性 21 人（包括帝王、官吏、武士、男仆、百姓）。

北壁两次间为《后宫尚食图》和《膳房备宴图》，分别为 10.48 平方米和 10.34 平方米。两组画面共绘人物 10 人，每组 5 人，均为宫女。《膳房备宴图》描绘的是圣母后宫膳房内，侍女们正忙于准备佳肴，后侧案上摆着猪首、莲藕和茄子。一名侍女正在执刀剁鸭头，前檐案上摆着玉兰、佛手、碗盏、酒杯等，另一名侍女在向捧盘者递送糕点。对她们的描绘，全然是人间生活的真实写照。侍女们头梳双髻，以花带、玉簪、软巾为饰，衣着素净整洁，短衫长裙，飘带自肩背至两侧垂下，腰间皆系围裙，华美精丽。

画中线条多采用兰叶描、铁线描，色调素雅古朴、浓淡适度。画面上大小形象的处理一丝不苟，花草、屋宇处处可见匠心，具有很高的艺术水准，无疑是清代寺观壁画中的不凡之作。

霍州娲皇圣母庙壁画

《膳房备宴图》

新绛稷益庙

稷益庙位于新绛县城西南20千米处的阳王镇，南临稷王山，西望黄河水。全称东岳稷益庙，俗称阳王庙，祀奉着后稷与伯益。始建年代不详，元至元年间重建，明弘治、正德年间屡有重修与增葺。据明嘉靖二年（1523）《重修东岳稷益庙碑》载："阳王之墟者，东岳稷益庙也。罔知肇自何代，元至元重修。正殿旧三楹，国朝弘治年间恢复为五楹，增左右翼室各四楹，正德间复增先门三楹，献庭五楹、舞庭五楹。缭以周垣，架以长廊，隐以佳木，百工殚巧，金碧辉煌。"现存舞台、正殿为明代建筑。舞台五间，单檐歇山顶，周檐大额枋，台口近十米，梢间空间较大。

正殿五间，三彩琉璃瓦顶。殿内东、南、西三面满布壁画，面积130平方米，壁画保存完好，东、西两壁为台阶式布

《祭祀图》

第五章 明代风韵

局，宽 8.23 米，最高处达 6.18 米。整个壁画绘有人、神 400 余位，创作者为翼城籍画师程儒及其两子程绷、程耤与门徒张捆，绛州画师陈圆及其侄子陈文、门徒刘崇德。完成于明正德二年（1507）九月十五。

壁画祭祀主体为"三圣"。东壁的"三圣"为黄帝、伏羲、神农，西壁"三圣"为大禹、后稷、伯益。壁画环绕主体神，兼绘文武百官、农民朝圣、稷益传说、烧荒狩猎、伐木耕获、

《三圣图》

山川园林等故事，是画在墙壁上的一部农业史。

东壁绘朝圣图，以三圣殿为中心展开画面。三圣殿面阔三间，重檐歇山顶，两厢配殿。殿前植梧桐、月季、松树、竹、槐树等花木。三圣帝君太皋伏羲氏、炎帝神农氏、轩辕黄帝氏，均坐殿中，两旁及左右厢房中侍女成群，手执壶浆、果盘。台阶左右有文武百官、农民侍立，其左环立官员与农民，农民手执五谷，肩扛农具，右边农民或肩扛猎物，或捆绑蝗虫，或手

《侍女图》

东壁绘朝圣图两旁及左右厢房中侍女成群，或手执壶浆果盘，或手执莲花宝瓶，或手端珊瑚琼枝，或捧壶浆酒坛，头戴凤冠，胸有配饰，姿态虽不同，而仪表万方。

第五章 明代风韵

擒蚂蚱。一名女子为五谷之神，身穿璎珞宝衣，左手持碗，右手执勺从碗中取种子，正赐予农民。前面侍立者为土地神，右下两位力士，其中一位为武士身负盒囊，作报告状。松树林下有一长樽，上摆食盒酒壶。

壁画中最具代表性的当数东壁左下的《缚蝗图》。画面对"蝗虫精"进行了夸张，使人望而生畏。《缚蝗图》之侧，还有一组关于农作物害虫的图像。一位老者手握通体黑褐色的六足虫，画师对此虫也进行了夸张。

东壁上部绘《斩蛇图》，为山野中四武士斩蛇场面，周有围观、朝圣的人群，背景是风景园林，山间有打柴的樵夫，路上有行进的马拉轿车，图中有马、牛、羊等牲口，室内有生育、洗澡等生活场景。后稷降生的传说故事绘于东壁两侧，分祭祀天地、后稷降生、牲畜圈中、抛于山野、禽鸟饲养、樵夫发现、

《缚蝗图》

《大禹朝谒图》

母亲抱回、邻人探望等场景。

　　西壁以三圣殿前的一部分布局，殿台、树木为近景，午门、军帐为中景，山川、云树为远景，祭庙、楼阁为两翼。内容有大禹、稷益，祭祀，群仙，耕获，田猎等图。殿台周围有栏杆，大禹头戴高冠，身着蓝袍，腰系金带居中而坐，红日从水中冉冉升起，右首坐后稷，手执谷穗，左首坐伯益。台下一文官手执笏板面朝后稷，一名武将面向伯益，均作禀报状。两边全有文武百官、武士、侍女等，分持笏板、斧钺、壶浆、果盘等。右边楼阁，侍女数人行走于长廊，分抱琵琶、捧果盘、食盒，或左右交谈，或窃窃私语，形态各异。天上几组红衣仙人乘祥云而下望，官吏数人举首朝拜。左边祭庙，祭祀贡品有猪、牛、羊，桌上三个牌位，中为"昊天玉皇上帝位"，左为始祖后稷神位，右侧神位只见背面，当为伯益神位，祭祀者为皇帝大臣，两旁器乐鸣奏。祭坛外有几位官员正在焚烧表章。两名侍者，其中一人手执火棍，一人呼诵祭词。远处殿阁处，幡旗招展，圆帐中设，门前武士侍立。

第五章 明代风韵

祭庙上部为《烧荒狩猎图》。绘伯益亲临山中，授民烧荒狩猎之法。山上正放火烧荒打猎，山下一吏正向伯益报告。山间火光冲天，鹿奔蛇窜，受惊野兽跃下山崖，涉水过河，已过河岸的两只麋鹿正回头张望。远处山涧中的几只猴子，正惊恐观察。对面山林里的一对猛虎受困，一猛士正拉弓欲射，众武士则手执刀剑相呼应。共绘17人，另有21只野兽展现图中。

下方为《教民稼穑图》。描绘了十种农事劳动场景，包括收割粮食、运输庄禾、堆砌谷垛、清扫麦场、碾打粮食、兜装粮食、驴驮粮食、背运柴禾、田间送饭、农夫休憩等。画面既能独立成画，又联系紧密。路上一妇肩挑饭篮、水罐，前来送饭，正蹑足过桥，一童手捧水碗、食物走在妇前，田间农民头戴斗笠草帽，耕作于地头，一老夫闻孩童呼叫，张望前来送饭的母子。麦田中二农人正在割麦，前边长者手握镰刀，回头招呼。阡陌之上，担挑推车往来搬运，麦场上有人上垛打场，牛拉石磙，碾压收割。农人或执鞭赶牛，或扫帚清场，或肩扛木杈，准备翻场。

《教民稼穑图》

一童手拿簸箕，于牛后拾粪。碾好的麦子金黄耀眼，堆积如山。麦堆上插一面小旗，两人正在装袋，装好的粮食有的已装上驴背准备驮运，侧立一绿裙抱子妇人。

南壁东侧绘《东帝赴会图》，张大帝羽扇纶巾，带领众人，队伍成三路行进"三圣殿"，两侧绘"阴曹地府"。

壁画中，众多人物的身份不同，衣着各异，对农夫衣着服饰的描绘，为民俗研究者提供了范例。官民同幅的表现形制，在历代寺庙壁画中极为罕见，在封建集权统治空前加强的明代，更显得弥足珍贵。

稷益庙壁画为明代所绘，色彩方面继承了元代壁画遗风，以墨线勾勒人物服饰，多使用朱砂着色，间配石绿、石青、白色、黄色，注重人物冷暖色彩搭配、对比和映衬，寻求变化，鲜艳而不失协调，随类敷彩，体现了强烈的质感。为加强画面的主次关系，使之构成节奏变化，又在青绿色块上穿插白、黄、朱、金，以及三青、四绿等小亮色，画面充满跳动感，增加了立体感和装饰感。在线描方面，继承了元代壁画风格，笔力雄健，结构紧凑，长于写实，爽畅流动，圆润光滑，墨色统一。线条的粗细多变化，布局安排具有层次。

第六章
清代风情

画说山西古代壁画

大同华严寺大雄宝殿
大同善化寺
广灵安坚寺
太原晋祠关帝庙
清徐狐突庙
炕围上的壁画

大同华严寺大雄宝殿

大同华严寺始建于辽，由辽代皇室初创，金时由僧团重修为"大华严寺"，元、明、清时都有补建、修缮、装銮。辽保大二年（1122），寺内部分建筑毁于兵火，金天眷三年（1140）依旧址重建。明宣德、景泰年间大事重修。明中叶以后分上下两寺，各开山门，自成格局。清初寺院复遭摧折，几经修缮，成今日之规模。大雄宝殿东向，面阔九间（约53.75米），进深五间（约29米），总面积1559平方米，是我国现存最大的佛殿之一。殿内四壁绘满21幅巨型壁画，总面积887平方米，属单体建筑内壁画面积之最。壁画为佛教题材，包括佛本行经变、

大同华严寺大雄宝殿壁画

第六章 清代风情

《千手千眼观音菩萨图》

菩萨上有伞盖及化生佛，下有海水、云坛承负莲台，前两侧有吉祥天和婆薮天协侍。菩萨手臂组成椭圆扇面形千手，每手一眼，执日轮、月轮、金钟、戟矛、弓戈、宝剑、金轮、佛经等宝物，胸佩璎珞，腕戴环钏，腹前盘龙呈蠕动上升状。

佛说法图、善财童子五十三参、千手千眼观世音菩萨、药师如来、十八罗汉、禅宗传嗣等。佛像高者达三米多。设色以石青、石绿为主，使用沥粉贴金。画面之间用山石、云树、楼阁隔开。顶部天花板彩画共973块，绘圆环、龙凤、花卉、梵文等图案。壁画高达六米多，全长110余米，面积近900平方米，所画大佛、菩萨、罗汉、观音、供养人等，数以千计。在一个殿内绘制如此宏伟壮观的壁画，为我国寺观壁画中所少见。据壁上题记，为清光绪年间大同民间画工董安所绘。其色彩艳丽，金碧辉煌，保存完好，面积在山西省寺院壁画中居第二位，仅次于芮城永

大同华严寺大雄宝殿壁画

乐宫。

东壁由北向南依次是《释迦谱》《准提菩萨图》《西方三圣图》《西方十六观图》《千手千眼观音菩萨图》等五幅。

《释迦谱》以连环画的形式用数十组画面，展示了佛教创始人释迦牟尼从出生到成道的故事。上下共分七层，每层横分七段，分画佛教故事。每段有标语并隔断，只用云树或房层作为分界。佛像高30厘米，其他人物高约20厘米，人物众多，色彩缤纷，结构严谨，毫无空隙。边缘有"信心弟子董安"题名。

《准提菩萨图》。准提菩萨为六大观音之一，以救度人间众生为己任，在天台宗又被称为天人丈夫观音。此观音三面八臂，结跏趺坐于莲花台上，背后圆光环绕，头冠有阿弥陀佛，每面有三目，八臂皆有手镯，手持宝剑、金轮、胡瓶、钺斧等法器。下半部分原为藏经柜所蔽，色彩灰暗。从其绘画风格、人物面部表情及颜色来看似与上半部分不同，恐非清代彩绘，原绘有可能属明代。

《西方三圣图》中阿弥陀佛居中，着红衣，结跏趺坐，左为大势至菩萨，右为观音菩萨。此画场面宏大，佛与菩萨周围环绕群众，似与佛经表述相同。佛的身后是菩提双树，楼台殿阁，虚栏相连。上面彩云缭绕，飞天飘舞，并有远山杂树。画面以阿弥陀佛为中心，构成花团锦簇、富丽庄严、气象万千的极乐天国。

《西方十六观图》竖分五层，横分四五段，每段画一个圆圈，内画观音。边缘题"云中钟楼西街兴荣魁董画铺信心弟子董安"。

西壁八幅自北向南依次是《善财童子五十三参拜图》《释迦牟尼初转法轮图》《罗汉图》《华严三圣图》《禅宗祖嗣图》《药师如来图》《南海观音》《七处九会图》。

《善财童子五十三参拜图》分50余组，以连环画的形式描绘了善财童子游历110座城，拜访53位老师，聆听如何修菩萨道，怎样悟成正觉，从而学到53种本领。全图所绘人物众多，

第六章 清代风情

大同华严寺大雄宝殿壁画

大同华严寺大雄宝殿壁画

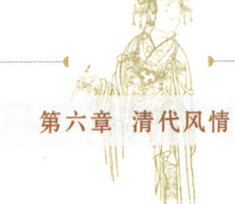

第六章 清代风情

画面宏大而不杂乱,每图各有序号。其色彩明快,构图紧凑,气势宏大,场面壮观,为民间画师所绘。

《释迦牟尼初转法轮图》中,释迦牟尼着红衣,结跏趺坐,双手转动法轮。周围众弟子表情细腻丰富,各具神态。各图间以云彩作为分界将数组人物巧妙地上下隔开。

《华严三圣图画》面宏大,人物众多,每组画面以云彩分隔。

《禅宗祖嗣图》《药师如来图》庄重端方,各菩萨神态迥异,环绕周围。

《南海观音》以红、蓝、紫三色勾勒出山海的壮观场面。观音居中,飘带飞舞,如在波涛中荡漾般,大面积采用晕染,突出了海中仙境的氛围。

《七处九会图》共有九幅画组成。西墙最南端一幅,南墙四幅,北墙四幅,画法相近,面积相等。每图各画一坐佛,俱红衣,结跏趺坐,手印各不相同。佛像高三米以上,面相幼稚而微笑,无庄严之感,每佛周围环绕群众50余人,两佛中间用花边隔开。

大同善化寺

善化寺位于大同市中心，创建于唐开元年间，亦名开元寺，俗称南寺。辽保大二年（1122）遭战争破坏，金天会至皇统年间重建，明正统十年（1445）又加整修，改名善化寺。

善化寺是一组比较完整的辽金时期建筑群，气势宏伟，粗犷豪放。寺院坐北向南，前有山门，中为三圣殿，后为大雄宝殿。大雄宝殿前左为文殊阁遗址，右为普贤阁。整个寺院建筑高低错落，主次分明，左右对称，是全国现存辽金时期寺院中布局最完整的一座。

大雄宝殿为辽代建筑，金代重修。殿内佛坛正中有泥塑金身如来五尊，端坐于莲台，弟子、菩萨恭谦敬谨。三圣殿建于金天会六年（1128），内塑立像三尊，中为释迦牟尼佛，右为

大同善化寺壁画

第六章 清代风情

普贤菩萨，左为文殊菩萨，称"华严三圣"。普贤阁结构精巧，形制古朴，是辽金时代阁楼式建筑。阁南有琉璃烧制的五龙壁一座，色彩绚丽，富丽堂皇。两侧是二十四诸天，西、南两壁绘有佛传故事画。

殿西壁和南壁绘佛教故事壁画，一堵墙为一幅，中间画一至三尊大佛，结跏趺坐莲台上，周围画罗汉、菩萨、善男信女。人物生动，线条流畅，虽为清初作品，仍可看到元代的画风。

善化寺大雄宝殿壁画内容全部为佛教题材，由金皇统三年（1143）朱弁的《大金西京大普恩寺重修大殿记》可知，金初重修大殿后的大雄宝殿，所制壁画和彩塑"为诸佛萨埵，而天龙八部合爪掌围绕，皆选于名笔；为五百尊者，而侍卫供献各有仪物，皆塑于善工。睟容庄穆，梵相奇古。慈悯利生之意若发于眉宇，秘密拔苦之言若出于舌端"。然而，据清乾隆五年（1740）《重修善化寺碑记》载："至国朝……而后复遭摧折，源庆目睹心伤，商议募化，从康熙四十七年（1708）起，至康熙五十五年（1716）工止……画六十余间之壁，圣像巍巍。"可见，大殿壁画至清代已全部重绘。更不幸的是，在清乾隆初年（1736），"又至损伤，大殿土墙将有倾覆之忧"，随即又"灰灌阶级，砖包殿墙"致使殿内后檐墙和东山墙的壁画在这次重修中被涂抹成灰壁。因此，目前所存壁画，应为清康熙年间重绘壁画所保留下来的一部分。

西山墙、南墙西尽间、南墙东尽间的壁画总面积为149.77平方米。西壁画《五铺说法图》，当心画释迦说法像，结跏趺坐，做说法印，左右两侧有菩萨胁侍，上部两隅有护法金刚、听经菩萨和飞天像。佛像全高3.20—3.45米，其中座高1.60—1.70米，像高1.60—1.75米，胁侍菩萨像高1.95—2.05米。

南壁壁画高177厘米，宽138厘米。描绘西方极乐世界高台宫阙中的法会场面。整幅壁画人物众多，场面热烈。画面的最顶端在朱色祥云缭绕下，露出宫殿绿色的琉璃顶，建筑顶端有一颗由火焰包裹的、双月形状交叉组成的宝珠，黄色的屋脊，

大同善化寺壁画

正脊两端装饰有四只张着嘴的龙头鸱吻，左右为长长的回廊。在宫殿下方有放射光芒的七宝幢和七宝花树，花树上面垂挂诸多摩尼宝珠和各色璎珞。前方为"西方三圣"，阿弥陀佛盘坐在正中蓝色的上圆下矩莲花台上，外披红色僧祇支，内穿青色通肩袈裟，持吉祥坐，结禅定印，后有朱色头光和带火焰的绿色身光。佛陀头顶升起一缕白色青烟，绕顶三圈后，分成九股佛光散向天边，每道佛光中出现许多小化佛。佛左侧为观世音菩萨，结跏趺坐于白色莲花上，后有绿色头光和淡青色的背光，背光上端释放火焰，面向佛陀，左手持莲花，右手放于胸前做说法印，身着青衣，头戴璎珞，戴金色项圈。右侧为大势至菩萨，同样结跏趺坐于莲花台上，手持法器，面向佛陀，着红色僧衣，身戴璎珞、臂钏、手镯。在画幅左右房顶的众多小化佛前方，出现一组祥云，分别盘坐着十佛，十佛下方有两位带头光的仙

大同善化寺壁画

第六章 清代风情

大同善化寺壁画

人模样的人物，其身后有一个着红衣持伞幢的侍从。另外，在佛台左右侧后方站着几个带头光、穿着整齐的供养菩萨，手捧盘子，内装摩尼宝珠、鲜花等供养品，与诸菩萨不同的是，供养菩萨着汉人服装，手中皆捧盘，内装各种供品。供养菩萨人数为左三右四，而阿弥陀佛和左面观音菩萨佛台中间围绕着六位胁侍菩萨，和右面的大势至菩萨中间围绕为七位，下方伎乐天排列左面十位，右面十一位。可以看出，左面人数总比右面少，这是个有趣的现象。三圣周围从上到下，从左到右围绕着诸多菩萨、罗汉、伎乐天等，除伎乐天和侍女外，其余均头饰佛光。伎乐天手中可辨识的乐器有：琵琶、排箫、笛子、古琴、锣、腰鼓、笙、铙、板、方响等。罗汉形态各异，或是年轻，或是年长，或沉思，或交谈，神态各异，中间还有梵僧形象的罗汉。诸菩萨袒胸，内穿各色袈裟，外披僧祇支，头饰金花、戴金项圈、臂钏、手镯、脚钏等饰物，或合掌而立，或手端装着灿烂宝珠的托盘，面相丰满，体形丰腴，腰部微微弯向一边，形成曲线美，各个交头接耳，顾盼如生。围绕三圣，诸菩萨、比丘、伎乐天等分为左右两组，中间留出一条通向佛陀的道路，靠近下方莲池的诸菩萨，面容亲切、欢喜，以迎接之态面向莲池。最

155

大同善化寺壁画

大同善化寺壁画

下方画七宝池,池边栏杆迂回,阶台井然,有三个阶梯可上岸。栏杆上有莲华柱头金灯闪耀,池中绿水波光潋滟,满生涟漪,莲叶田田,大如车轮。莲花或是盛开,或是含苞待放,有五位头带佛光的化生菩萨坐于莲花之上,正中化生于淡黄色全开莲花的菩萨升出水面,面向佛祖,身着带金边的朱衣,优美娴静,正靠近岸边,准备踏上通往佛陀的阶台。

南墙东尽间壁画高 153 厘米,宽 125 厘米,绘六臂准提佛母及二胁侍菩萨,两侧及下部绘菩萨、弟子、诸天、天王像等。整个画面似在演讲。画面上弟子合十恭立,神情庄重;菩萨娴静清逸,顾盼有情;金刚、武士或英武,或勇猛,履行护法之职,诸像高 43—61 厘米。

2011 年 2 月,大同市文物部门工作人员在一次墙体检修中,无意间在善化寺三圣殿内一处素面墙体的泥层下,发现了隐匿着的 160 平方米的明代壁画。其画法精细,线条流畅,人物传神,画面生动。壁画上有古人题记的"隆庆"年号,估计此壁画在明末即已被封于泥层之下。

第六章 清代风情

大同善化寺壁画

广灵安坚寺

广灵县安坚寺位于加斗乡东留疃村，坐北朝南，二进院落布局，占地面积970平方米，建于明正德八年（1513），清嘉庆二十三年（1818）重修，现存正殿、过殿和西配殿。各殿均保留有精美的壁画。其中，正殿壁画62平方米，内容为帝后、天龙八部和众鬼神组成的护法行列，人物600余，浩浩荡荡、神态各异。壁画线条流畅，色泽鲜艳，尤其是沥粉贴金，朱砂和石青等颜料的使用，更增加了画面的庄重感和神秘感，是罕见的艺术佳作。从壁画的规模、制作工艺，以及人物造型来看，堪称明代壁画的精品。

安坚寺所绘《护法图》，为佛寺中常见。佛寺传统佛教画像有佛、菩萨、明王、罗汉、天龙八部、高僧。属天龙八部之

广灵安坚寺壁画

第六章 清代风情

广灵安坚寺壁画

一的天众,包括大梵天、帝释天、多闻天王、持国天王、增长天王、广目天王、金刚密迹、大自在天、敬脂大王、大辩天、大功德天、韦驮天、坚牢天、菩提树神、鬼子母神、魔利支天、日宫天子、月宫天子、龙王、阎王等。

中国佛教壁画经过千年的发展形成了自己的规范程式,自身形式和内容都结合得非常完美,因此画佛教壁画须有着严格、严肃、严谨、规范的绘画态度。其造像艺术中人体高度、神态、扮像、姿势、手势、持物、装饰、色彩等都有一定的讲究和说法。佛教壁画中最完美的形象,体现了人与人间绝对平等和国与国间绝对和平的佛教精神。

佛教壁画分为两大类:非情节性类和情节性类。情节类的佛画多据佛经构成佛教故事,如《佛祖说法图》《佛祖本生图》

159

《十八罗汉过海图》

《十八罗汉过海图》及各种经变图等。非情节类指画像类，如释迦牟尼像、菩萨像、罗汉像等。安坚寺《护法图》即属非情节类的群体画像，其采用的仍是连环画式的排列构图。构图分为上下四层，每层自右向左次第排列。

此排列构图法源自魏晋时期。当时佛教盛行，寺院林立，庙堂四壁开始以壁画覆盖，内容涉及佛本生故事、经变等。所采取的即为在整幅画面中分述的形式，一一记录，娓娓道来。人物重复呈现，山水隔断其间，既分段又连续，既穿凿又整合，故事性与艺术性兼顾，自然态与人为状并容。这种表现的最早形式在敦煌壁画中仍能见到，如北魏的《割肉喂鹰图》《鹿王本生图》《舍生饲虎图》《五百强盗成佛图》，西魏的《得眼林》《伎乐天图》等。

安坚寺《护法图》中的人物形象性格鲜明，各具特色。人物衣饰线条饱含着一种生命感、流动感和质感。

在用色上，其采用了传统的重彩勾填方式，以墨线为干，再填以各色。在头饰璎珞、盔甲器物处则施以沥粉贴金工艺，

第六章 清代风情

以增强对比，令画面更加壮观。

从绘画风格看，安坚寺壁画为清代风格，盖嘉庆二十三年（1818）重修时所绘制。其中的仕女模样，最能体现时代画风。至明清，随着宗教的衰落，宗教壁画随之式微，人物画也从神圣的寺观墙壁步入民间，进入卷轴，其雄伟气魄已不多见，而安坚寺壁画似乎是个例外。此《护法图》虽属宗教壁画，但其中也折射出了许多世俗生活的影子，匠人们以周遭所见，想象着西方极乐世界的模样。从整体观察，其构图气势磅礴，风格统一协调，色彩丰富艳丽，形象传神逼真，不失为那个时代的精品之作。

广灵安坚寺壁画

太原晋祠关帝庙

晋祠的关帝庙，位于昊天神祠的前院。庙前有"钧天"乐台，背临智伯渠。关帝庙为卷棚歇山式建筑，木雕装饰台面，十分纤巧细腻。山门悬"关帝祠"金字大匾，入门或高或低，左右厢房对峙，珠梅、丁香婆娑，环境十分幽雅。广阔的高台中央，建悬山式三楹大殿。殿中设木雕神龛，内供关羽塑像。金面长髯龙袍加身，呈帝王像，反映出清代人们对关羽的无限敬仰。

东、西、北壁绘有关羽故事壁画，计76幅。其中东壁27幅、西壁26幅、北壁23幅。每幅上隅皆书有榜题。场景有议事，有奏请，有聚会，有战斗。尤其是战争场景，人欢马叫，刀枪相击，绘得十分精彩。人物尺寸虽不大，却细节毕现。画面辅之以山峰云雾、水浪古木、花卉田园、建筑园林。画面设色以青、绿、白、黑、赭为主，朱色仅用于点染。

太原晋祠关帝庙壁画

第六章 清代风情

太原晋祠关帝庙壁画

清徐狐突庙

清徐狐突庙，亦称狐神庙、利侯庙、狐大夫祠，位于清徐县城西南4.5千米处马鞍山下的西马峪村，始建于北宋宣和五年（1123），重修于元至元二十六年（1289），明、清两代屡有修葺。

狐突庙是后人为纪念狐突大夫辅佐重耳即位做出的重大贡献而修建的。狐突，字伯行，古晋阳西境人，春秋时期晋国大夫，为晋献公的岳父。其女姬实，嫁诡诸（晋献公），生重耳。晋献公晚年，宠幸骊姬，欲立骊姬所生幼子奚齐为国君，于是重耳很早被排斥出国都，居于偏僻的封地蒲邑（今隰县）。晋献公二十一年（前656），骊姬阴谋逼死太子申生，并派兵追杀重耳。

清徐狐突庙壁画

第六章 清代风情

清徐狐突庙壁画

翌年，因重耳出逃，狐突让狐偃、狐毛两个儿子同重耳一同作咎犯（或舅犯），在外流亡19年，周游翟、齐、曹、宋、郑、楚、秦等国。献公二十六年（前651），献公死，夷吾（重耳异母所生）归晋即位，为惠公。晋惠公十四年（前637），惠公死后，其子圉立为怀公。晋怀公为巩固帝位，削弱其叔重耳的影响，命随重耳出亡者回国。狐突坚定地让狐偃、狐毛辅佐重耳，不召二子回国，被杀害。重耳回国即位，称晋文公，而后平定内乱，战胜楚军，成为春秋五霸之一。

狐突庙坐北朝南，前院现存献殿，山墙绘有《龙王布雨图》60平方米，为清代民间画工所绘。

东壁为《出巡图》。龙王与狐突平行并置于画面中央。龙王凶猛刚毅，须发如钢丝，眼睛如鸡卵，骑着正在喷水的龙，狐突则仙风道骨，双手持求雨法器，一文一武，形成对比。其他人物如雷公电母、持伞夜叉、侍者等绕于龙王与狐突周围。天空乌云滚滚、电闪雷鸣，场面惊心动魄。古人想象的求雨场面，被画工生动到位地展现出来。

西壁为《回宫图》。绘祈雨结束后，狐突一行人马回宫，一队人马从南而入，徐徐退场，天空万里无云，大地已是禾苗茁壮。与《出巡图》相比，此图安静从容，一抑一扬，对比强烈，相得益彰。

壁画墙面破损严重，画面已不见全貌，但就残留部分，也可见其精彩。

清徐狐突庙壁画

第六章 清代风情

清徐狐突庙壁画

清徐狐突庙壁画

第六章 清代风情

炕围上的壁画

昔时，北方地区居舍皆以火炕御寒，炕头是冬季一家人主要的活动场地。客人来，脱鞋上炕，围坐炕桌；客人走，妇人女红在此，幼儿描红在此，老人取暖在此，"七十不出门，八十不下炕"，全家吃饭也在此。因炕头有如此多的功能，炕的尺寸大，布置却也讲究。除却炕桌，尚有炕柜被阁、神龛镇席等。除此之外，炕围画也不可少，且十分考究。

炕围画是画在炕围上的壁画，也称墙围画。山西地区南北皆有，南有襄垣样式，北有原平样式，民间素有"南垣（襄垣）北代（代县），原平不赖"的说法。其高度一般为两三（0.67—1米），有只围炕头者，称半围；也有自炕头延至全屋者，称满围。仅就炕围而言，又分炕围、锅台、风箱部分，且各有所画，各有寓意。

所绘内容又分为两方面，即"边饰"与"画空子"部分。

炕围上的壁画

炕围上的壁画

边饰图案有退色边、玉带边、竹节边、边棠边、卷书边、万字边、冰梅边、狮子滚绣球边等，每套炕围画边道的繁简多寡不一，少则三两道，多则五六道，虚实相间，相映成趣。

画空子也称"池子"，即开光部分，为炕围画的重心，分长方形、圆形、菱形、扇形等多种形制。画空之内，内容丰富，

炕围上的壁画

第六章 清代风情

炕围上的壁画

人物、花鸟、山水无所不有。尤以人物精彩，且多为教化内容，无外忠孝礼义，才子佳人，如苏武牧羊、桃园结义、杨门女将、二十四孝等。花鸟有牡丹富丽、孔雀开屏、鸳鸯比翼、松伴白鹤等。山水有青山碧水、楼台亭阁、长桥曲栏、渔歌唱晚等。

制作分为选料、泥墙、裱糊、刷底、打腻、托样、着色、上漆等多道工序。所用颜料讲究，主要有矿物和植物颜料，匠人称之为硬色和软色。现在则多使用广告色、桐油、油漆、清漆等，另有白麻纸、宣纸、白土、水胶、白矾等辅助材料。其先以干石粉或石膏作浆状涂料，薄施于壁，然后以胶矾水浸之并磨平，即可起稿作画，画后漆桐油或罩清漆。

在备齐各种材料后，即可开笔。一是下线，根据炕围的粗细宽窄设计安排，把线打好；二是托样，把炕围的各种截头样谱以香灰托印；三是落黑，即把炕围全部墨线画好；四是上硬色，把画面以矿物颜料画好；五是矾炕围，按一定比例用白矾、水胶加水搅匀后矾炕围墙面；六是上软色，矾墙后以植物颜料染色；七是行粉，将所有的边线用白线画出，其中一部分用黄线，即串黄；八是齐边，把所有的黑线再精细地画一遍；九是上油，确保炕围画能保持长时间的光亮鲜艳。

汾阳蔚家大院炕围上的壁画

炕围画又分粗细两路。细路用工多，花费大，需工笔细描，重彩着色。粗路相对而言用工少，成本低。贫寒之家，多选粗路，俗称"包黄土"。具体做法，先以细黄土刷墙，后以黑笔划出格子区间，格内作绘，最后刷漆罩油。

炕围细路画又分上中下三等。上等多用于年轻人婚房，制作精细，称硬架炕围，也称夔龙架；中等适于中老年人居所，称软架炕围，也称汉纹景架；下等为普通形制，称三栏边，图案简洁质朴。炕围画单位曰"盘"，制作炕围称"打"，如"打一盘炕围"。

南北炕围画有区别，晋西北地区多呈暖色调，以红色、棕色作底；忻州原平一带以中性和冷色调为多，多选粉绿色；晋东南地区偏深绿色；晋中一带以黑色为主打。若是婚房，南北炕围皆鲜亮。

蔚家大院位于汾阳冀村镇东社村，建于民国年间，主人为蔚官年。其模仿天津的山西会馆模型而建，因此被称"乡村里的山西会馆"。其正房的侧室和厢房的内室，均绘有满围的墙

第六章 清代风情

围画，黑底描金，内容为戏剧人物，有《三国演义》《东周列国志》等。

过去，晋中一带多以戏中故事教化训诲，意在对子嗣有春风化雨、循循善诱之功效，商家更是凭借囊中银两养戏班，蓄名伶，沉迷其间，乐此不疲，正是仰仗这般扶持襄助，才有了晋剧的百年兴盛，才有了好剧连台、名角层出的大好局面。

炕围上的壁画

本书写作，得益于完成"山西古代壁画艺术"课题之缘起。其间，随同课题组一行，奔走南北，近距离观察了许多的壁画精品，令人震撼不已，顿生唯马首是瞻之感觉。

正题之外，尚有许多的花絮让人回味。灵丘觉山寺舍利塔壁画，在塔的二层，寻来直梯，攀援而上，尚不及，只得徒手探翻，想来后怕，遂想起《游褒禅山记》中的句子："世之奇伟、瑰怪，非常之观，常在于险远，而人之所罕至焉，故非有志者不能至也。"汾阳北榆苑五岳庙，位于三泉镇北榆苑村，或为防盗，庙之门窗全被堵死。我等找到村治保主任，方扒开窗砖翻入其内，一睹精彩。此庙出来，好心人指点，至不远处的刘家堡关帝庙看壁画，观《重修关帝庙碑》落款，为"宣统四年"，对面戏台侧壁残留有"平邑自诚园"戏班申海山题记的"宣统四年五月廿九，六月一、二日在此亦乐乎"，而曾为府治且繁华异常的汾阳城，不过距此八里路，则已是民国元年了。是武昌起义的成功太过迅速，国人尚未能知晓，还是另有依恋？宣统三年十月二十九日，太原

首义后，为示与清决裂，废旧年号，但新纪年未有，遂采用"黄帝纪年"。据景梅九回忆，山西大学堂瑞典籍教师高本汉离晋时，阎锡山以中华民国晋军分府正都督的名义，为之签发的护照日期为"黄帝纪元四千六百零九年九月二十三日"。"开国五千年，五族共一家"是当时的共识，但这样的纪年，显然较之宣统某年烦琐了许多，此为另话。抵达平顺大云院时，看庙人家正在储备嫁女，道喜之后自然也沾了喜气。

课题组先后几次出动，皆由山西画院副院长孙海青带队，随行者每次不同，有郝雪山、张豫生、郝文飞、张明远、孙小农、武晓梅诸位。司机宁向荣，千里奔程，一路辛苦。

本书内容为课题内容之截取与补充。写作过程中，除却实地考察，翻阅了大量的参考资料。即便如此，作者也深知本书挂一漏万、畸轻畸重之处恐难避免，因此，尚望广大读者及业界同仁不吝明教，卓裁赐正，拨冗见示，资吾改进，莫以鄙陋之不堪教矣。

后记

介子平
丙申孟春